Carmen Thomas

Profi-Kopfrezepte

Erfolgreich Ideen finden

mit Vistem®

– das geniale System mit den Pit-Haftzetteln

midena

INHALTSVERZEICHNIS

Vom Funken im Herzen - mit Vistem Interesse wecken.

Über dieses Buch

Carmen Thomas sammelt seit 1968 im Umgang mit dem Publikum beim WDR, bei zahlreichen Veranstaltungen, bei Beratungen, bei Coachings und Seminaren wichtige Erfahrungen und Erkenntnisse darüber, wie Kommunikation besser funktioniert. Die Spezialität der Kommunikations-Expertin sind interaktive Gruppen- und Veranstaltungs-Methoden. Aus dieser Arbeit hat sie die neuartige Denk-, Kommunikations und Handlungs-Methodik Vistem - **Vis**ualisieren mit Sys**tem** - in der Praxis entwickelt.

Vistem®

Dieser Band stellt Ihnen die Vistem-Methode vor und zeigt Ihnen, wie Sie damit in Ihrem Alltag neue Wege für sich finden können.

Zum Gebrauch

Drei Hauptfiguren führen spielerisch durch den Methoden-Text und begleiten Sie bei Ihren ersten Schritten auf dem Weg zu neuen Erkenntnissen.

■ »Markus Mai« moderiert das Vorgehen und versorgt Sie mit leicht verständlichem Hintergrundwissen. Diese Passagen erkennen Sie an der schwarzen Schrift.

FAZIT — Informationen mit diesem Zeichen bringen das Gesagte auf den Punkt.

TIPP — Diese Kästen bieten Ihnen zusätzliche praktische Anregungen.

■ *Thea Testalina, die Vistem-Trainerin, erläutert an Beispielen mit der Testperson Anton Auster neue Wege für den Alltag. Diese Anleitung zum Mitmachen auch für Sie selbst erkennen Sie an der dunkelblauen Schrift.*

TEST — Dieses Symbol soll zum Üben und Mitmachen ermuntern.

■ Anton Auster ist Test-Person und möchte durch »learning by doing« die neuen Methoden und Techniken kennn lernen. Die hellblauen Textteile beinhalten seine Kommentare, Fragen und Einwände.

Die Farb-Sprache

Auf der Umschlag-Vorderseite innen finden Sie den Überblick über die Vistem-Farb-Sprache. Hier können Sie immer nachschlagen, wenn Sie bei Ihren Tests mit Farben ordnen oder gewichten möchten.

Das Pit-Kit

Zum Testen und Mitmachen liegt das Kit mit den Pits in den sechs verschiedenen Vistem-Grund-Farben bei.

Die Trainingskarten

Einen Vorschlag für tägliche 3-Minuten-Trainings finden Sie auf den Seiten 58 und 59.

Zum Anwärmen

Hallo, guten Tag. Vor dem Start, also bevor Sie tiefer in das Thema »Kreativität und Ideen finden« einsteigen, ein paar knappe Details zum Kennenlernen. Also: Mein Name ist Markus Mai. Ich bin der Moderator. Die Vistem-Methoden, die Sie hier kennen lernen, wurden seit 1980 - zunächst im Einzel-Coaching, in Workshops und Seminaren und ab 1988 in der beruflichen Praxis entwickelt. Vistem ist dazu da, Stress zu verkleinern und in Alltagssituationen mit Sachfragen und Problemen lust- und phantasievoller und zugleich professioneller umgehen zu können.
Hier und heute möchte das Vistem-Team Ihnen behilflich sein, verborgene Teile Ihres Kreativitätspotenzials in sich selbst neu zu entdecken und weiterzuentwickeln.

Vistem mit System

Zum Aufwärmen für Leser-innen, die schon einen Band kennen. Ab Seite 12 steigen wir richtig im Thema »Zeit- und Orga-Planung« ein.

Zum Einstimmen mache ich Sie mit Vistem und dem ersten Pit – das kommt von **P**ost-**it**-Klebezetteln – bekannt:

Vistem®

»Visteeem« - spricht sich wie System, sozusagen mit drei »e«, weil es für **Vis**ualisieren mit Sys**tem** steht. Vistem liefert Ihnen Handwerkszeug ganz praktischer Art, um sich selbst und anderen Gedanken und die flüchtige Sprache blitzschnell in bearbeitbares und farblich gewichtendes Material zu verwandeln. Statt Einfälle, zu Sagendes oder Gesagtes sich in Luft auflösen zu lassen oder unverrückbar schwarz auf weiß auf Papier festzuhalten, wird erst einmal flexibel **hingeklebt** oder **»gepittet«**. So kann man anderen jede Art von Kommunikation ohne Verzögerung präsentieren und damit im doppelten Sinne **vor Augen führen** und **in den Raum stellen**.
Das geht ganz einfach:
1. Schritt: Farbe wählen, denn Farbe = Gewicht und Ordnung
2. Schritt: Draufschreiben und mit Sinn hinkleben
3. Schritt: Präsentieren = vor Augen führen
= in den Raum stellen

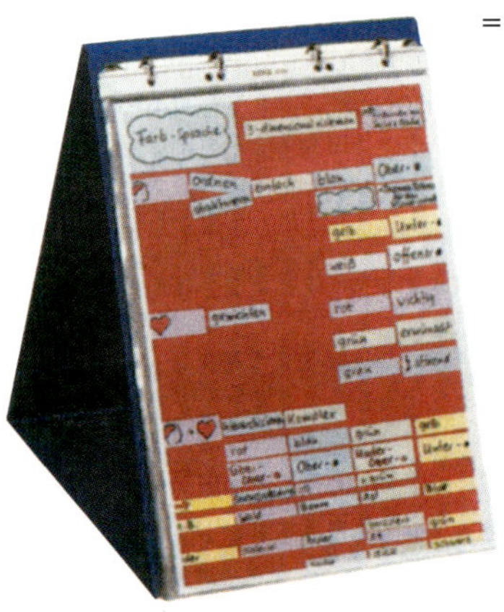

Wenn Augen und Ohren dasselbe tun, steigt das Verstehen und sinken Stress und Missverständnisse. Das verändert die Kommunikation in der Tiefe. Wahrscheinlich fragen Sie sich gerade: Änderungen, wer will das schon? Bei Ihnen im Betrieb wird möglicherweise auch dauernd davon gesprochen. Doch dann gibt es oft nur neue Computerprogramme. Aber untereinander tut sich meistens nicht viel. Das ist ja auch schwieriger. Deshalb lautet das Motto hier:

Das Test-Team

Who is who? Hier das Test-Team

An dieser Stelle möchte ich Thea Testalina bitten, sich Ihnen vorzustellen.

Gerne. Mein Name ist Thea Testalina. Ich bin Vistem-Trainerin und ich möchte Ihnen zum Thema »Ideen finden mit Vistem« heute neue Wege zeigen. Ich freue mich darauf und möchte jetzt Sie, Herr Auster, bitten, den Leserinnen und Lesern zu sagen, wer Sie sind.

Thea Testalina
Vistem-Trainerin

Ja gut. Mein Name ist Anton Auster. Ich bin von Beruf Abteilungsleiter, verheiratet, und ich habe zwei Kinder im Alter von 11 und 7 Jahren.

Vielleicht sagen Sie noch, wie Sie hierher gekommen sind.

Sie suchten eine unbefangene, unabhängige, kritische Testperson für Kommunikationsfragen, die sich trotz Erfahrung einen Rest an Experimentierfreude bewahrt hat. Das bin ich. Obwohl, was das Thema Veränderung angeht – da bin ich eher skeptisch.

Anton Auster
Abteilungsleiter
und Testperson

Wie lässt sich etwas verändern?

Zurecht. Denn echte Veränderungen geschehen nicht durch gute Vorsätze. Sie benötigen drei Dinge: hilfreiches Handwerkszeug, durchdachte Methoden und ernsthaften Einsatz, Neues oder Anderes zu trainieren. Alles drei wird Ihnen heute zum Testen angeboten. Am Ende dieses Exkurses sollten Sie neue Möglichkeiten zum Thema »Ideen finden« kennen und einige davon am Ende auch spontan anwenden können. Hier das »Menü« auf einen Blick, das Sie dann allein mit sich oder mit anderen, im Beruf und auch zu Hause, trainieren können:

Hier das Handwerkszeug und die Methoden zum Testen. Vielleicht haben Sie Lust, gleich mitzumachen.

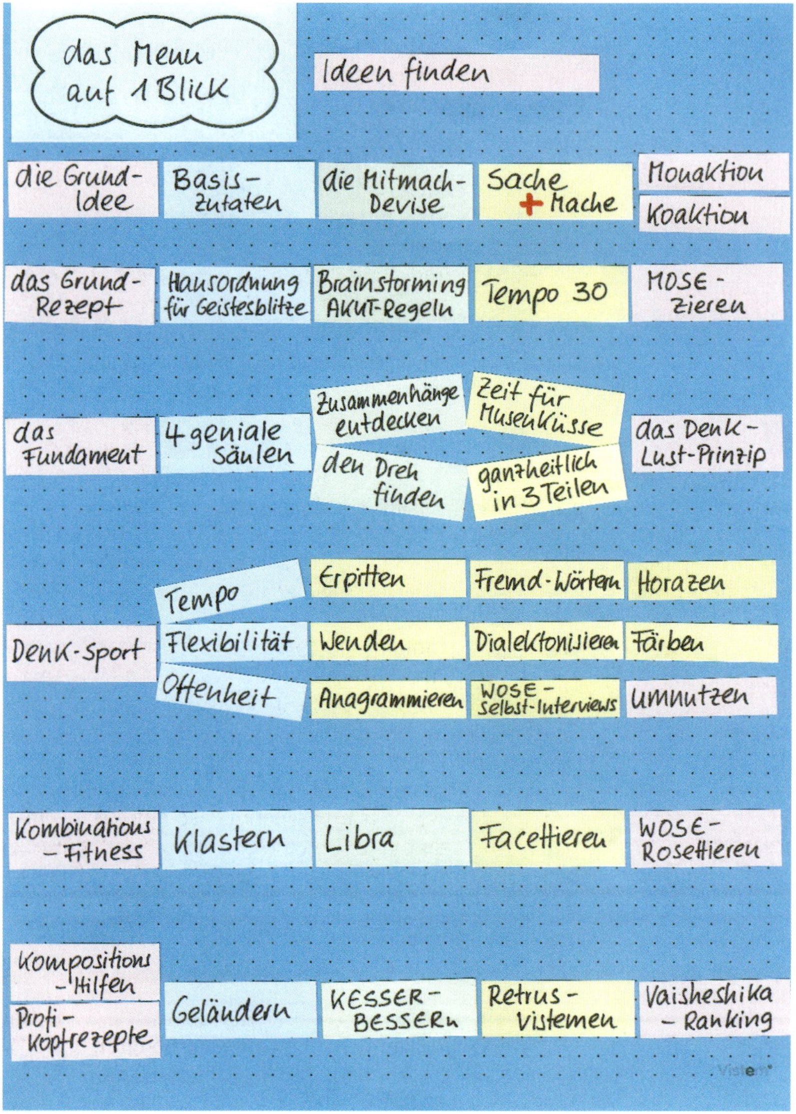

Sieht ja reichlich, aber auch nach reichlich fremder Kost aus.

Stimmt. Aber Bekanntes brauchten Sie ja nicht zu testen. Das Profi-Kopfrezepte-Menü ist eine Auswahl, die Sie heute näher kennen lernen. Was Sie davon in Ihren Alltag integrieren oder auch nicht - ist allein Ihr Ding. Hier werden Sie an dem, was Ihnen serviert wird, in der vereinbarten Zeit von drei Stunden nur nippen können. Trainieren, vertiefen und verfeinern müssen Sie dann mit sich selbst und anderen.

Der Hintergrund dieser Veranstaltung ist, dass Sie heute mit möglichst viel Vergnügen neue Rezepte, neue Werkzeuge, neue Kniffs und Tipps für die professionelle Kommunikation kennen lernen sollen. Sie, lieber Herr Auster und Sie liebe Leser und Leserinnen, können herausfinden, ob Sie lustvolle Profi-Kopfrezepte für geistige Nahrung mit der gleichen Experimentierfreude und Offenheit probieren wie neue Kochrezepte für Feinschmecker. Der Wegweiser zur Verfeinerung der Kommunikation:

Trainieren, Vertiefen und Verfeinern gehört regelmäßig dazu, wenn Sie neue Werkzeuge gezielt einsetzen möchten.

Die Mitmach-Philosphie

sagst du's mir	→ vergess' ich's
zeigst du's mir	→ merk' ich's mir vielleicht
lässt du's mich mitmachen	→ versteh' ich's

Hier also die Einladung, das eine oder andere Rezept spontan auszuprobieren, um mithilfe der Tests neue Wege für Ihren individuellen Kommunikationsbedarf im Alltag zu finden. Schließlich ist Reden ja nicht gleich Reden. Es ist schon ein Unterschied, ob Sie mit sich selbst, mit Vertrauten, mit Kolleginnen oder mit Kollegen, mit Vorgesetzten oder mit Offiziellen kommunizieren. Bereits die Zielgruppe hat auf alle Kommunikations-Bereiche großen Einfluss: aufs Kreativieren, also auf das Ideensuchen, -finden und -optimieren und aufs Denken, Reden und Handeln. Kommunizieren gliedert sich stets in drei Teile, und richtet sich im Grundsatz immer nach den sechs W's: wozu, was, mit wem, wann, wo, womit – oder anders gesagt:
Ziele, Inhalte, Zielgruppen, Zeit, Rahmen, Hilfsmittel. Die Basiskommunikation besteht immer aus drei Teilen:

Vorarbeit	**Handeln**	**Nacharbeit**
= Werkzeuge kennen	= vorbereiten	= auswerten
können	durchführen	zuordnen
auswählen	nachbereiten	einspeisen

Doch bevor Sie aktiv mitmachen, Herr Auster und auch Sie, liebe Leserinnen und Leser, sollen Sie zunächst einen grundsätzlichen Einblick in die Vistem-Methodik bekommen.

Übung macht die Meisterschaft

Es funktioniert wie beim Kochen: Mal geht Dazulernen fix, mal geht was daneben, mal brennt etwas an. Auf Dauer gelingt alles besser. Ein Beispiel aus einem anderen Bereich: »Auto fahren lernen«

Erst muss jede Handlung nach dem Anlassen bewusst eingeübt werden:
- den fließenden Verkehr und Fußgänger beachten etc.,
- in den Rückspiegel schauen,
- Blinker betätigen,
- kuppeln,
- den richtigen Gang finden,
- gleichzeitig Kupplung kommen lassen,
- Gas drücken, lenken.

Durch tägliche 3-Minuten-Trainings werden Sie sicherer.

Wenn die einzelnen Tätigkeiten sitzen, schauen Sie nur noch auf die Straße und machen das Handwerkliche fast unbewusst. So sind auch die Methoden und Techniken des Profi-Kommunizierens aufgebaut. Alle Einzel-facetten können und wollen bewusst in 3-Minuten-Trainings erworben werden. Nach Ablauf von – je nach Typ – vier bis zwölf Wochen »schauen Sie nur noch auf die Straße«, achten auf Ihr Umfeld, die Wege und das Ziel, wohin Sie möchten.

FAZIT

Der neue andere Gedanke von Vistem ist, dass Kreativität, Denken, Planen, Reden, Handeln und Auswerten – wenn sie beruflichen Zwecken dienen – genau wie das Lesen, Schreiben und Rechnen, wie eine Fremdsprache oder wie das Klavier spielen erworben und trainiert sein wollen. Vistem liefert dazu das nötige Handwerkzeug und ausgeklügelte Methoden, die behilflich sind, mit sich und anderen schneller, einfacher und effektiver zu kommunizieren.
Die Crux: Vielen Menschen ist der Unterschied zwischen Profi-Kommunikation und »Gut-reden-können« nicht genug bewusst. Haben Sie sich schon mal gefragt, warum Michael Schumacher noch täglich trainiert: er kann doch schon Auto fahren. Genau um diesen Unterschied geht es: Nicht Auto, sondern Rennen fahren können, sich in einer Fremdsprache nicht nur verständigen, sondern dolmetschen können, Klavier spielen nicht nur zu Hause für sich, sondern im Konzert – sprich gegen Geld – dieser Maßstab gilt für alle, die nicht nur angenehme Schwätzchen halten oder lange Gespräche führen, sondern zielgerichtet professionell kommunizieren wollen oder sollen.

Das Vistem-Fundament

Die Basis von Vistem ist die Farbsprache der Pits. Vistem-Pits haben sechs verschiedene Grundfarben. Mit jeder Farbe wird auch eine andere Information geliefert. So klären Notizen auf Pits auf einen Blick: Haupt- und Nebengedanken, offene und wichtige Aspekte, Erwünschtes und Störendes.

Die Farb-Sprache
Mit der Farb-Sprache von Vistem haben Sie viel mehr Möglichkeiten, sich und anderen Zusammenhänge klar und schnell darzustellen (siehe vordere Umschlagseite innen):

Farben strukturieren und gewichten Inhalte und helfen beim Erinnern.

- Die Farben strukturieren und gewichten Inhalte auf einfache und zugleich sachliche Weise.
- Einfälle, Gedanken, Gefühle, Gesprochenes oder Geschriebenes können Sie sich selbst oder anderen eindeutig vor Augen führen.
- Die Farben helfen, tiefer zu denken, kreativere Lösungen zu finden und die Sache, um die es geht, leichter zu verstehen.
- Da Augen und Ohren angesprochen werden, gelingt es zuverlässig, Hirn und Herz aller Beteiligten einzubeziehen. Und das bedeutet mehr »Spaß haben«. Und wer Lust hat, ist motivierter und besser.
- Farben, Formen und Freuen helfen beim Erinnern.

Pits nutzen oder Strukturieren per »Farb-Info«:
Gelb, blau und weiß sind die so genannten Hirn-Farben. Der Sinnordnung entsprechend werden Sie auf einem Visual – das ist eine mit Pits gestaltete Seite – eingesetzt, d. h. Sie machen sich klar:

- Was ist die Überschrift Ihres Themas (Wolken-Titel-Pit)
- Welches sind die Ober-Punkte (blau)
- Welches sind die Unter-Punkte (gelb)

- Direkt oben links auf dem Vistem-Papier (Din A 4 Farbbogen) steht als Erstes auf jeder Seite ein Wolken-Titel-Pit und in dem Pit das Thema. So genannte Dachzeilen-Pits werden rechts daneben angeordnet. Sie helfen, wie auch bei normalen Texten, ins Links-nach-Rechts-Lesen hineinzukommen und nicht nur in Kolonnen zu lesen.
- In die linke Spalte werden blaue Pits mit den Ober-Punkten zum Thema geklebt.
- Rechts daneben ordnen Sie die gelben Pits mit den entsprechenden Unter-Punkten an.
- Auf weiße Pits schreiben Sie offene Punkte, Fragen, zu Klärendes oder zu Tuendes.
- Daten und Zeiten fixieren Sie idealerweise auf gelbe Pits, wenn sie verbindlich sind, auf weiße, wenn Sie vorerst eine ungefähre Vorstellung davon haben.

Selbst wenn die Informationen zu den Farben unterbleiben, werden sie dennoch verstanden: Sie sind mit dieser Bedeutung im Unbewussten archetypisch so gespeichert.

Gewichten mit Pits

Rot, grün und grau sind die Herz-Farben, mit denen Sie sich selbst und anderen Ihre Einschätzung und Bewertung verdeutlichen.

- Rot ist für Wichtiges.
- Auf Grün – die Farbe der Hoffnung – kommen alle Wünsche und das, was erfreulich ist.
- Grau steht – wie alles Triste – für das, was stört oder missfällt.

Wenn Sie Teams, Chefs, Kundschaft oder auch Kinder überzeugen wollen, führen grüne Pits häufiger zum Erfolg als rote oder graue. Die Störungsfarbe Grau ist immer dann nützlich, wenn Sie sich normalerweise durch Meckern, Keifen, Schmollen oder Weinen Luft verschaffen würden. Vorzug: eine graue Seite mit grauen Pits macht Störendes glasklar. Gleichzeitig können Sie sachlich und respektvoll bleiben und haben selbst weniger Stress.

Das Farb-Ranking

Bei der einfachen Farb-Sprache werden Hirn- und Herz-Farben normalerweise nach Logik und Emotion kombiniert. Mit Vistem können Sie zusätzlich komplizierte Gedanken, Inhalte oder Projekte tiefengenau differenziert darstellen. Bei dieser Anwendung erhalten rote und grüne Pits eine **zusätzliche** Ordnungsbedeutung.

Das funktioniert in der Praxis so:

- Stellen Sie fest, ob mehrere blaue Oberpunkt-Pits einen roten Über-Ober-Punkt ergeben. Der **rote** Punkt wird dann auf dem Visual immer ganz links außen fixiert.
- In **Blau** folgen in der zweiten Spalte die normalen Ober-Punkte.
- Wenn es der Sache dient, können Sie **grüne** Pits als Unter-Oberpunkte in der dritten Spalte einführen.
- Info-Details folgen auf Gelb in Spalte 4.

Am Beispiel (waagerecht angeordnet):
Wald = Rot, **Baum** = Blau, **Äste** = Grün, Blätter = Gelb
oder
Material = Rot, **Stifte** = Blau, **Schwarz** = Grün, 20 = Gelb,
Papier = Blau, **gerastert** = Grün, 30 = Gelb

TIPP

Fangen Sie zum Einsteigen erst einmal gemütlich nur mit Blau und Gelb an. Dann fällt Ihnen nach kurzer Zeit sicher auf, dass es unklare, wichtigere, erfreulichere und problematischere Punkte gibt, und Sie merken, wie viel Zeitgewinn und weniger Missverständnisse Sie haben, wenn Sie sich das selbst und anderen vor Augen führen. Erst wenn Sie die einfache »Farb-Sprache« sicher beherrschen, können Sie später das »Farb-Ranking«, also das Hierarchisieren für Komplexeres nutzen.

Mit Pits be-greifen

So geschickt mit kleinen Pits zu arbeiten, braucht Training (es gibt allerdings – je nach Bedarf und Geschick – neun Formate von Mini- bis Maxi-Pits in Briefkartengröße). Vistem existiert auch als PC-Programm.
Die Erfahrung zeigt jedoch, dass im Gehirn ganz andere Vorgänge ausgelöst werden, wenn man mit Hirn, Herz und Hand arbeitet (Stichwort: rechte und linke Hirnhälfte). Deshalb wird hier vermittelt, wie die Vorarbeit zunächst mit den Händen geht. Wenn das Ergebnis dann fertig durchdacht ist, kann es im Table-Flip (»Präsenter«) präsentiert, per Scanning auf Folie kopiert (= fixe Overhead-Präsentation) oder per »Vistem-Comet« (**Co**mputer-**met**hodik-Programm) in den PC übernommen werden.

Vistemen mit Hirn, Herz und Hand oder per PC

Handschriftliches Vistemen mit Pits und Vistem als PC-Programm ergänzen sich gut.

Die entscheidenden Unterschiede:
Mit dem Vistemen per Hand erhalten Sie ein Werkzeug für:

- präzise Denkschärfe mit der Verführung, durch die Kleinheit der Pits auf den Punkt genau zu formulieren (= Hirn);
- die emotionale Gewichtung über den Anreiz durch die Pit-Farb-Sprache (= Herz);
- die Möglichkeit, Gedanken, zu Sagendes, Gesagtes und zu Tuendes in handhabbares Material zu verwandeln. Der Gewinn ist, die flüchtigen Gedanken oder Worte blitzschnell zu materialisieren, zu fixieren und durch die verschiedenen Anordnungsstrategien leichter und ohne langes Reden begreifbar zu machen (= Hand).

Da Änderungen spurlos – ohne hässliches Durchstreichen mit wenig Mühe – zu leisten sind, steigt auch die Bereitschaft, Anregungen und Kritik zuzulassen. Wer klebt, ist verhandlungsbereiter und automatisch weniger rechthaberisch. Die Methode ist in sich ein Symbol für Flexibilität und Weiterwachsen. Außerdem wird (selbst-)kritisches Denken nicht zu früh durch die blendende formale Perfektion des PC behindert.

Der PC ist die Methode der Wahl für handwerklich Ungeschicktere bzw. Desinteressierte oder Menschen mit schwer lesbarer Handschrift. (Zur Handschrift und ihrer Schönheits- und Wirkungskultur haben die Chines-inn-en die »Kalligrafie« entwickelt. Eigentlich sollten Sie mehr dazu erfahren, da die Auswirkungen für sich selbst wie für andere so tiefgreifend und bei uns so enorm unterschätzt sind. Aber dazu reicht die Zeit hier und heute leider nicht.)

Deshalb grundsätzlich: Die Idee ist, dass sich handschriftlich Vistemtes und der PC ergänzen: Zuerst per Handschrift mit sinnlichem Fühlen und Be-greifen mit den Händen werken – geht dreimal so fix wie im PC. Dann im Computer hochglanzmäßig, mit allen Segnungen der Technik versehen und bei Bedarf weitergestalten.

Grundzutaten – System-Kreativität

Das heutige Thema heißt: »Ideen finden mit Vistem«. Eine Frage an Sie vorab: Wie kreativ schätzen Sie sich selbst ein und wie wichtig finden Sie Kreativität?

Na ja. Das scheint ja sehr verschieden:
Ich kenne viele, die halten »Kreativität« für Modegequatsche. Andere sagen: »Man hat es oder man hat es nicht«, also damit wird man entweder geboren oder man hat andere Qualitäten. Wieder andere halten sich für nicht sonderlich kreativ und stellen sich auf den Standpunkt: Das macht gar nichts, schließlich bin ich weder Journalist noch Schriftsteller, kein PR-Mensch oder Künstler. Bei meiner Arbeit als Abteilungsleiter und in meinem Alltag brauche ich eigentlich kaum Kreativität.

Was ist Kreativität?

Und wie ist es mit Ihnen: Wie viel Kreativität brauchen Sie in Ihrem Alltag? Wie neugierig und offen sind Sie?

Dennoch haben Sie sich für das Thema interessiert. Weshalb?

Aus reiner Neugier.

Wunderbar, dann bringen Sie bereits die wichtigste Voraussetzung für die Kreativität mit: Neugier und Offenheit. Die und echte Kreativität (die unabhängig ist von der Tagesform und der Umgebung) braucht jeder Mensch z. B. in folgenden Bereichen:

- *Einfallsreichtum, Geistesgegenwart, Schlagfertigkeit*
- *fix auf originelle Ideen kommen*
- *spontan und angstfrei gelungen formulieren*
- *in jeder Gruppe produktiv mitdenken können*
- *konstruktiver Umgang – auch in schwierigen Situationen*
- *für alles Lösungen suchen und finden können*
- *flott und alternativenreich mit Rat helfen*
- *pfiffig und anschaulich präsentieren*

oder auf den Punkt gebracht: Kreativität ist das Gegenteil von Stillstand und die Basis von Veränderung.

Zum Verändern gehört übrigens eine wesentliche Grundannahme: Kommunikation steht grundsätzlich auf zwei Füßen: dem Sache- (also dem Inhalts-) und dem Mache-(dem Durchführungs-)Fuß. Der springende Punkt ist, dass – wenn Kommunikation klappen soll – beide Füße gleich groß sein müssen. Diese Balance herzustellen, darin besteht die optimierbare Leistung.

Sicher auf zwei Füßen stehen

Füße wachsen zwar nicht nach, aber es lassen sich andere, hilfreiche Schuhe maßfertigen. Zusätzlich empfehlen sich unterschiedliche Modelle für jede-n und für verschiedene Anlässe, wenn Sie in den unterschiedlichsten Terrains trittsicher sein möchten oder müssen. Schon allein der professionelle

Umgang mit sich selbst und der mit anderen sind zwei Paar Schuh – wie Pantoffeln oder Lackschuhe. Und stets werden der rechte, wie der linke Schuh, also Sache wie Mache benötigt.

Was dahinter steckt

Die Basis ist ganz einfach. Jede Art von professioneller Kommunikation ist so zu verstehen wie der Umgang mit Licht. Licht ist zunächst immer nur weiß. Wer jedoch ein Prisma – sprich eine geschliffene Professionalität – besitzt, kann durch den richtigen Dreh immer den Regenbogen finden. Die gute Nachricht daran: das ist trainierbar. Die schlechte: es muss trainiert werden. Die These, die sich daraus ergibt: Wer das Prisma-Drehen als professionelle Leistung versteht, kennt im professionellen Umgang keine langweiligen Themen und keine öden Menschen mehr.

Das sind zwei Paar Schuh: Monaktion heißt professionell mit sich selbst, Koaktion professionell mit anderen. Und außerdem lohnt es, Sache und Mache trennen zu lernen.

Von Sache und Mache

Also hören Sie mal! Ich kenne eine Reihe von Langweilern und jede Menge Themen zum Einschlafen. Und für die soll ich jetzt selbst die Verantwortung übernehmen, damit Ihr so genannter Regenbogen entsteht?

Ja genau. Das mag Ihnen anfangs als Last erscheinen. Denn so zu denken, verleiht Ihnen die professionelle Zuständigkeit. Aber das befreit Sie aus der Opferhaltung: »Ich hätte ja, aber die anderen oder das Thema haben ...« Sie haben mit diesem Drehgedanken die Chance, die Verantwortung für beide Grundbereiche zu übernehmen: für den Inhalt, also die Sache, wie auch für die Durchführung, die Mache.

Monaktion und Koaktion

Fachbegriffe sind eine Kröte. Andererseits machen sie klar, dass es um genaue Klärung für eine professionell definierte Leistung geht. »Monaktion« meint, für sich selbst optimale Werkzeuge, Methoden, Techniken und Strategien zu kennen und anzuwenden. Die meisten Menschen geben sich enorm viel Mühe in der »Koaktion« also im professionellen Umgang mit anderen. Mit sich selbst arbeiten sie dagegen noch viel zu oft steinzeitlich unmethodisch und unprofessionell.

Ab sofort können Sie das ändern. Wer möchte, kann es – wie vorne schon angedeutet – leicht trainieren. Sicher stimmt es, dass Begabung dabei nützlich ist. Das meiste bewirken jedoch Handwerk und Fleiß. Die Ausrede »Ich hab's nun mal nicht« gilt nicht. Niemand würde erwarten, Lesen, Schreiben, Rechnen, eine Fremdsprache oder Klavier spielen in einem 3-Tages-Workshop erlernen zu können. Für die Kommunikation, die ungleich komplexer ist, wenn sie professionellen Zielen dienen soll, gilt dasselbe.

Schamlos spinnen – Brainstorming

Sicher kennen Sie die Weisheit: »Auch der längste Weg beginnt mit dem ersten Schritt«. So ein allererster Schritt ist das Brainstorming nach John Osborne. Er erfand es in den 30er Jahren in den USA. Aus dem Satz: »Using the brain to storm a problem«, also: »Das Gehirn nutzen, um ein Problem zu erstürmen« entstand der Begriff. Es existieren zahllose Storm-Techniken. Ziel ist immer, möglichst viele ungewaschene, ungefilterte Gedanken festzuhalten, nichts zu verwerfen, mit Gewinn zu spinnen, um in kurzer Zeit erst einmal Spaß an der Sache zu bekommen und dadurch neue Einfälle zu produzieren.

Ziel des Gehirn-Joggings ist, alle Gedanken und Ideen ohne Bewertung spontan hinzuschreiben.

Storm-Technik-Modelle sind (jedes Beispiel steht für sich):

A. Vor-sich-hin-Schreiben: Haus, Baum, Katze, Himmel, Tor.

B. Jede-r sagt – ohne Vorgabe – laut ein bis drei Wörter in fester Personenabfolge:
Wolke, Mond, Sonne,
Sterne, Regen, Hagel,
Nässe, Pflaster, Wachsen

C. Mit Vorgabe:
Modell: **Antwort**
Beispiel: Vater → Mutter
Modell: **Gegenteil**
Beispiel: heiß → kalt
Modell: **Entfernung**
Beispiel: weit weg → nah = Himmel → Erde → Staat etc.
Beispiel: nah → weit weg = Ast → Wald → Fauna etc.
Beispiel: größer → kleiner = Finger → Nagel etc.
Modell: **Substantiv → Adjektiv**
Beispiel: Schönheit → schön, Himmel → blau
Modell: **Verben**
Beispiel: betrachten → gefallen, rücken → verzücken
Modell: **Adjektive**
Beispiel: neu → duftend, schräg → platt

»AKUT« – die Hausordnung für Geistesblitze

Diese Auflistung ist zunächst eine Vorlage für Grips-Gymnastik mit sich selbst, im Duo oder in Gruppen. Und genau wie bei Finger-Fitness am Klavier werden die Strategien später je nach Thema ausgewählt und eingesetzt. Zunächst gilt es, den Grundsatz »wild spinnen« schamfrei zu erlernen. Später liegt genau in diesem ungenierlichen und unsortierten Chaos, dem »falsch« und »richtig« egal ist, der Kreativitäts- und Zeitgewinn.
Wer dabei folgende Spielregeln nutzt, kann später erfolgreicher brainstormen.

Hier also AKUT, die Brainstorming-Regel nach John Osborn

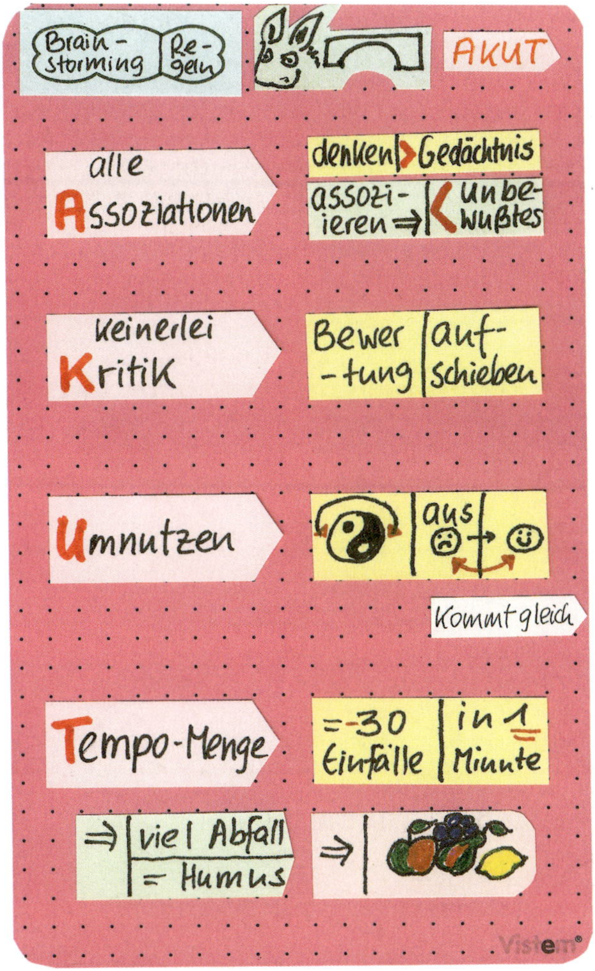

Hm, und wie geht das praktisch?

TIPP

Der erste wichtige Kniff ist, alle Assoziationen zuzulassen und das Denken aufzuhören, weil das Gedächtnis, das dem Denken zugänglich ist, so viel kleiner ist, als das Unbewusste, das durch Assoziieren aufgeschlossen werden kann.
Als zweiter Kniff, der gleichzeitig eine der wichtigsten Spielregeln ist, darf in dieser Phase keinerlei Kritik geübt werden.
Die beiden letzten AKUT-Punkte werden gleich noch ausführlicher behandelt.

Ohne Scheu – Tempo 30

Wie soll das gehen - 30 Ideen in einer Minute notieren?

Kommt sofort. Der einfachste Trick beim Stormen ist die Spielregel Nummer vier aus AKUT: »Tempo-30-Menge«. Testen Sie es selbst. Hier ist ein Blatt und ein Stift, der leicht schreibt. Das Rezept heißt Tempo 30, weil die Aufgabe ist, 30 Wörter in einer Minute aufzuschreiben. Ich nehme die Zeit.

Welche Wörter denn?

TIPP

Kritzeln Sie alle Einfälle »gehetzt« auf eine Seite. Hauptsache 30 in einer Minute. Das Zeitlimit ist eine Hilfestellung, um leichter aus dem Denken ins Assoziieren zu kommen. Es geht ums Loslassen, ums Schreiben ohne Scheu, um den Gedanken, dass in der Kreativphase kein »Quatsch« existiert.

TEST

Tempo 30

entspannen	*klein*	*liegen*	*Hühner*
Konzert	*groß*	*stellen*	*Hahn*
Museum	*dünn*	*ordnen*	*Henne*
Auto fahren	*dick*	*testen*	*Küken*
Urlaub	*Berg*	*verwerfen*	*Leiter*
planen	*Tal*	*Garten*	*Futter*
organisieren	*Stadt*	*Baum*	------
Wein	*Land*	*Ast*	*42*
Wohnung	*Fluss*	*Teich*	
Schirm	*blau*	*Blatt*	
	grün	*Frosch*	
	grau	*Fisch*	
	rosa	*Libelle*	
	Herbst	*Mücke*	
	Winter	*stechen*	
	Frühling	*holen*	
	Sommer	*Eier*	
	sitzen	*Kinder*	

So viel haben Sie? Das gibt´s doch gar nicht. Ich habe nur 10.

Bei mir sind es nur durch Training mehr. Sie können fürs Erste sehr zufrieden sein. Bitte testen Sie's noch mal mit einem anderen Thema. Wie wäre es mit »Lampe«?

Wieder nur eine Minute? Und 30 Stück? So viel gibt es doch gar nicht zu »Lampe«.

Bitte probieren Sie es. Ziel ist: jederzeit und zu allem 30 Einfälle. Und nicht vergessen: es braucht Training. Und Quatsch gibt es nicht.

TEST

Tempo 30

Glühbirne
Schalter
Kabel
Stecker
Strom
Energie
Schirm
Stiel
Stehlampe
Hängelampe
Nachttischlampe
Geschäft
Batterie
Schreibtischlampe
Deckenleuchter
Erfinder
Straßenlaterne
Gewinde
Steckdose
Design

Geschichte
Kerze
Halter
Edison
Watt
Technik
Mode
Zeiten
Grubenlampe
Kellerlampe
Normlampe
Fabrik
Laden
Verkäufer
Preise
Kabit

Ausstattung
Material
Psychologie
Soziologie
Kulturen
Japan
USA
England
Italien
Deutschland
Schweiz
Berge
Höhle
Wasser
Petroleum
Birnen

= 32

Beim Stormen keinerlei Pause machen und ein »Schrott-Wort« parat haben, wenn Sie ins Stocken kommen: ein möglichst merkwürdiges. Es garantiert einen neuen Ideenschwall.

Sehen Sie, beim zweiten Test haben Sie sich bereits mit 20 Einfällen um 100 Prozent gesteigert.

TIPP

Wenn Sie es lernen wollen, trainieren Sie Tempo 30 bei der nächsten Gelegenheit mit Berufen oder den dazugehörigen Gegenständen, mit Produkten und ihren Details, mit Tieren oder Pflanzen. Immer nur eine Minute. Oder geben Sie dem Zufall eine Chance.

Hilfen vom Zufall – das Erpitten

Die Zufallsstrategie heißt »Erpitten«

Beim Erpitten werden Erkenntnisse alter Kulturen wiederbelebt: Wenn Sie gar keine Einfälle haben oder gänzlich neue suchen, können Sie den Zufall als kreativen Helfer einspannen. Diese Methode eignet sich gut für Eilige und Ungeübte. Sie dauert nur eine Minute. Stellen Sie eine Frage oder nennen Sie ein Thema. Also sagen Sie, wozu Sie den Einfall brauchen. Zum Beispiel: »Ich suche den Anfang für einen Brief, für einen Aufsatz, für einen Artikel über ..., eine Idee für ..., eine Lösung für ...«.

Das Erpitten bietet drei Chancen:

1. Der Zufall garantiert Neues, das nicht aus Ihrem Hirn stammt – das macht Ungeübte offener für scheinbaren »Schrott«.
2. Manchmal schenkt der Zufall herrlich Passendes – Sie werden gelegentlich staunen.
3. Es ist ein wunderbares Umnutz-Training. Was das genau ist, kommt auf Seite 24 noch genauer.

Wer pro Tag zwei Minuten drei Begriffe »erpittet« und mit je sechs Einfällen »weiterdrehen« trainiert, hat nach vier Wochen bereits einen deutlichen Quantensprung in Sachen Kreativität gemacht.

So sprudeln die Ideen

Ideen im Flug durch Selbstbedienung aus fremden Köpfen sammeln.

»Erpitten« funktioniert so: Sie nehmen ein Pit, also einen **P**ost-**it**-Klebezettel, und ein x-beliebiges ungelesenes Buch. Schließen Sie die Augen und kleben Sie das Pit hochkant in das Buch. Lesen Sie das Wort, worauf das Pit klebt, den Satz, den Absatz oder die Seite und wählen Sie ein Wort daraus, das Ihnen gefällt. Wenden Sie Regel 1 von AKUT »Alle Assoziationen« an, d. h. bestormen Sie, wie gerade geübt, das Wort Ihrer Wahl mit Tempo 30.

1. Nennen Sie mindestens drei, lieber 6 bis 20 Einfälle dazu.
2. Oder erdenken Sie das Gegenteil von diesem Wort, ein Verb, ein Größeres/Kleineres dazu.
3. Oder »nutzen« Sie es einfach »um« (siehe Seite 24), möglichst spielerisch und ausgelassen.

Der Zufall hilft, weil er Ihnen neue Gedanken fremder Menschen liefert. Bitte testen Sie selbst mithilfe eines Buchs und einem grünen Pit.

TEST

»Erpitten«

Wozu könnte ich denn etwas erpitten?

Wie wäre es damit: »Womit lockern Sie den Beginn Ihrer nächsten Sitzung auf?«

Anton Auster schließt die Augen, klebt und liest vor.

Na gut. Und wieso soll ich ein grünes Pit nehmen?

Es soll doch ein erfreulicher Einfall sein. Grün ist die Hoffnung, also auch das, was gefällt.

Das Pit klebt auf »Flugzeug«. Was soll ich denn damit?

Ich demonstriere mal, wie Sie das für die nächste Sitzung »weiterdrehen« können:
1. Idee: Bis nach Berlin, Zürich oder Paris könnten wir fliegen, so lang wird die Sitzung dauern. Entsprechend möchte ich heute dazu beitragen, dass das Team ein ganzes Stück zum Thema weiterkommt. Oder:
2. Idee: Was ist der Unterschied zwischen einem Flugzeug und unserer Sitzung? Im Flugzeug arbeiten nur vier bis sechs, der Rest lässt sich bedienen. Hier nützt es der Sache, wenn alle mitmachen.
3. Idee: Wenn ich Sie bitte, unser heutiges Thema aus der Vogelperspektive anzuschauen, was fällt Ihnen dann als erstes ins Auge?

Aha. Ich verstehe, was Sie meinen.
Dann erpitten Sie doch bitte noch drei weitere Beispiele zum Thema Gesprächseröffnung. Also mit geschlossenen Augen in ein beliebiges Buch kleben und spontan dazu drei Einfälle produzieren.
1. Das erpittete Wort ist »unverändert«. Dazu fällt mit ein: vertraut, bekannt, Stein.
Meine Einfälle sind: wiederholen, Gedanken aufgreifen, Ausblick geben.
Was hat das mit »unverändert« zu tun?
Wunderbar, an dieser Stelle lernen Sie Spielregel 2 (»keinerlei Kritik«, siehe Seite 15) näher kennen. Niemand muss bei diesen Techniken Assoziationen begründen. Wenn Ihnen Einfälle nicht passen oder einleuchten, einfach weitergehen oder umnutzen. Nie, aber auch wirklich nie nachfragen oder gar ausdrücklich kritisieren. Fragen und Kritik können die assoziierende Person beschämen, hemmen und zu spießigerem Assoziieren oder gar zum Verstummen bringen.
Gut, ich pitte mal weiter. Schade: eine weiße Seite. Das war wohl daneben.

Alternativen: Das Buch, aus dem Sie erpitten, können Sie entweder blind per Zufallshilfe vom so genannten »Bibliotheks-Engel« ziehen, oder Sie wählen ein sachfremdes oder themennahes Buch.

Nicht doch: Leer, das bedeutet z. B.: nichts, weiß, Papier oder Schnee.
Ah ja, oder: füllen, neu anfangen, bunt bemalen, jungfräulich, schön, anspruchsvoll – Frau Testalina, ich fange an zu begreifen.
Das dritte erpittete Wort lautet »Freundin«: Dazu fällt mir ein: Liebe, Verbot, Kameradschaft, Vertrauen, Hilfe und Unterstützung.
Tatsächlich, es funktioniert. Aber noch habe ich keine Ahnung, was man dann damit machen könnte.

FAZIT

Das Erpitten rettet bei Einfallsarmut und Denkblockaden und hilft grundsätzlich fixer und geistig flexibler zu werden. Außerdem hat das Erpitten noch zwei bedeutende Vorteile: Beteiligten, die sich scheuen, zu assoziieren, bietet das erpittete »Zufallswort« eine Starthilfe. Sie müssen zunächst die gute Erfahrung machen, dass auch mit den scheinbar verrücktesten Ideen achtsam umgegangen wird und niemand kritisch oder höhnisch über einen Einfall herfällt. Denn für die scheinbare »Dummheit« eines Einfalls kann ja beim Erpitten niemand etwas. Zum anderen können Einfälle von Gruppenmitgliedern, die gerade aggressiv gestimmt sind, den normalen Kreativitätsprozess kontaminieren, was ja »verseuchen« bedeutet. Erpittete Einfälle sind frei von diesen Störfaktoren.

In vier Richtungen stürmen – das MOSEzieren

Als nächstes erwartet Sie das »MOSEzieren«. So heißt die Perspektiven-Technik, die garantiert, in vier Minuten Feuer und Flamme für jedes und alle zu werden, und das auch beim scheinbar langweiligsten Thema oder ödesten Menschen. MOSE ist eine **systematische** Form des Brainstormings. Wer damit arbeitet, kann sich jetzt im Handumdrehen Lust auf jede Sache, jedes auf den ersten Blick noch so langweilige Thema oder Treffen machen. Diese Methode nutzt vier Grund-Blickwinkel auf ein Thema oder eine Person: **M**ensch – **O**rt – **S**ach-Aspekte – **E**reignisse. Am besten Sie probieren es gleich selbst.

TEST

»MOSEzieren«

Nach einigem Zögern fällt Anton Auster das Wort »Zähigkeit« ein. Und welches Thema finden Sie öde?

Welches Thema finden Sie absolut öde, Herr Auster? Prima, so geht's:

1. Nehmen Sie bitte einen Stift und ein Blatt, und teilen Sie es so ein, wie auf dem Muster auf der gegenüberliegenden Seite.

2. Dann mit »Tempo 30« pro Spalte loslegen. Ziel ist, in vier Minuten 120 Einfälle zu notieren, die Ihnen unter den MOSE-Gesichtspunkten in den Sinn kommen. Bitte probieren Sie es mit dem Wort »Zähigkeit« aus.

Zähigkeit

M	O	S	E
Geschäftspartner	Kindergarten	Teig	Konferenz
Freundin	Schule	Lava	Besprechung
Chef	Uni	Streitgespräch	Gespräch
Vorgesetzte	Auskunftsschalter	Diskussion	Fernsehsendung
Radiosprecher	Warteschlange	Medizin	Talkshow
Fernsehmoderator	Großveranstaltung	Getränk	Wortwechsel
Verkäufer	Demonstration	Brei	Informationsgespräch
Ehemann	Operationssaal	Fleisch	Jahresgespräch
Ehefrau	Sitzung	Brötchen	Operation
Kollegin	Kino	Freundschaft	Vortrag
Referent	Museumskasse	Geschäftsbeziehung	Referat
Zugbegleiter	Kirche	Film	Vertrieb
Japaner	Müllhalde	Theateraufführung	Reize
Restaurator		Oper	wenig
Erzieher		Honig	Umgang
		Kunstführung	

TIPP

Wenn Sie stocken, nutzen Sie Einfälle von oben, unten oder seitlich einfach um. Oder nutzen Sie wieder das Standard-»Schrott«-Wort (z. B. »Eskimo«), damit Sie ohne Punkt und Komma weiterassoziieren (siehe Seite 24).

Zu einem beliebigen Thema pro Spalte eine Minute lang Ideen unter diesen vier Gesichtspunkten notieren.

Hirngymnastik – das Fremd-Wörtern

Auf dem Weg zu mehr Kreativität lernen Sie als nächste System-Technik das »Fremd-Wörtern« oder die »Grips-Gymnastik für Kombinier-Tempo und echte Originalität« kennen. »Fremd-Wörtern« versetzt Sie nach gezieltem Training in den Stand, nie mehr sprachlos zu sein, weil Sie durch diese Technik Ihre Denkschnelligkeit enorm steigern und Ihre Kombinationsgabe ausbauen können. Sie lernen buchstäblich, aus allem und jeder Situation in Beruf und Alltag etwas zu machen. Und Sie verlieren die Scheu vor Lächerlichkeit. Die ist nämlich das größte Hemmnis im Kreativprozess.
Das Fremd-Wörtern ist ein Beleg für die geniale Idee, dass alle, auch die scheinbar unverbundensten Dinge und Gedanken, miteinander verbindbar sind. Diesen zunächst fremden Ansatz und die Technik des Fremd-Wörterns anzuwenden, ist zugleich die Grundvoraussetzung für das »Umnutzen«; über das Sie mehr nach dem Fremd-Wörter-Testen erfahren.

TEST

»Fremd-Wörtern«

Sind Sie bereit, Herr Auster?

1. Bitte erpitten Sie aus diesem Buch acht Substantive und schreiben Sie diese Wörter einzeln auf Pits. Verwenden Sie dabei alle Farben und zwei Farben doppelt nach Ihrer Wahl. Die Farben lernen Sie später genauer kennen.

Anton Auster nickt und erpittet:

Erfahrung	**Büro**
Griff	**Zigarette**
Besprechung	**Sommer**
Versager	**Kosenamen**

2. Und nun sagen Sie bitte einen Beruf. Wenn Ihnen keiner einfällt, können Sie den auch erpitten oder aus dem erpitteten Satz umnutzen.

Das probiere ich. (Beim Kleben stößt er auf den Satz, den er vorliest): »Aber wie wollte Conner eine Verabredung simulieren«. Du lieber Gott, wie soll denn da ein Beruf herauskommen?

Wenn Ihnen nichts einfällt, wie wäre es mit Heiratsvermittler?

Hm, bei »Verabredung simulieren« fällt mir eher mein Chef ein.

Okay, dann schreiben Sie den Chef in ein Wolken-Titel-Pit darüber und erzählen Sie eine Geschichte mit allen Wörtern, die Sie im ersten Schritt erpittet haben.

Nach einer kleinen Kunstpause erzählt Anton Auster seine Chef-Geschichte.

Ein **Chef** ist ein Mensch, mit dem alle **Erfahrungen** sammeln müssen. In unserem **Büro** zeichnet er sich dadurch aus, dass er stets mit einem **Griff** zur **Zigarette** langt, wenn man mit ihm eine **Besprechung** hat. Im **Sommer** ist das besonders mies, weil er – selbst wenn es heiß ist – nie lüftet. Manchmal sagt er von sich, er sei ein **Versager** in puncto Rauchen aufhören. Das trug ihm den **Kosenamen** »Paffi« ein.

Jawoll. Das Schöne an dieser Geschichte: Sie konnten sie sehr spontan und durchgängig entwickeln. Und sie stellt eine Welturaufführung dar, denn sie wurde noch nie erzählt.
Und jetzt bitte ich Sie, ein Tier zu suchen. Wollen Sie das auch erpitten?

Anton Auster klebt und liest vor.

Ja, macht Spaß. »So wird sie riechen, wie ich es erwarte« heißt mein erpitteter Satz. Dazu fällt mir als Tier natürlich »Skunk« ein. Und Ihnen?

Biene, Hund oder Pferd.

TIPP

Benutzen Sie für Ihr Tier die gleichen Wörter. Aber Sie können die Pits jetzt umkleben. Bei Pits besteht die Chance, die Einfälle buchstäblich in eine innere Ordnung und damit in eine hilfreichere Struktur zu bringen. Das ist anders als beim üblichen Schreiben.

Nach dem Umkleben der Pits fällt Anton Auster folgende Skunk-Geschichte ein.

Wer **Erfahrung** hat, kann mit einem **Griff** und mithilfe einer **Zigarette** einen **Skunk** zum stinken bringen. Letzten **Sommer** hat das einer mit **Kosenamen** **Versager** bei einer **Besprechung** im Büro des Sheriffs getan.
Na ja – klingt zwar eigenartig, aber ich verstehe, dass Sie mir zeigen wollen, dass mir auf diese Weise immer etwas einfallen kann, meine Hemmungen, mich zu blamieren durch den Ehrgeiz, den roten Faden zu basteln, schrumpfen und ich ganz flott denken muss, was ich offenbar auch kann. Und wozu dient das praktisch?

Zum Einfallsreichtums- und als Schlagfertigkeitstraining.

Steigbügel aus Schrott – das Umnutzen

Jetzt kommt endlich »das Umnutzen«. Das ist Brainstorming-Regel 3 von AKUT (siehe Seite 15). Das Umnutzen ist ein Handwerkszeug der Entflammungs-Technik, also des spontanen sich und anderen Lustmachens. Es unterstellt bei allen Menschen und Dingen die Yin-Yang-Struktur. D. h. alles ist weiß **und** schwarz. Und im Weißen ist bereits der schwarze Punkt bzw. im Schwarzen der weiße. Das bedeutet praktisch: Es gibt nichts, was nur schön, und nichts, was nur schrecklich ist. Die beiden Punkte machen das Bild noch komplexer. Das Schreckliche hat bereits wieder etwas Schönes, und im Schönen ist auch immer etwas Unschönes. Die Welle in der Mitte zeigt, wie veränderlich dieser Zustand außerdem noch ist.

Eine Sache der Sicht: es ist immer etwas drin
In unserer Kultur ist eher die »Flaschen-Sicht« verbreitet. Dabei konzentrieren sich Menschen häufig auf das, was fehlt. Der Kick und Kniff zugleich ist jedoch, sich ausschließlich mit dem Inhalt zu befassen. Denn zu jedem Thema ist immer etwas drin – und seien es nur Vorurteile. Egal, ob echter Inhalt oder Vorurteilsphantasien, immer wird der Flascheninhalt in drei verschiedenen Grundmodellen geliefert:

1. Entweder als entzückender Brillant auf dem Silbertablett, über den man sich spontan freuen und direkt zugreifen kann.
2. Oder als Rohdiamant, dem noch der Schliff fehlt, dessen Wert ein Fachmensch aber bereits erkennt.
3. Oder als Modell »Schrott«, der unbrauchbar erscheint. Statt sich bei Modell 3 zu ärgern, andere zu beschämen oder bloßzustellen, kann jede-r das »Umnutzen« erlernen, d. h. den Schrott polieren bis das Blanke hervorkommt, und dann den Dreh suchen, damit der Regenbogen erscheint. Wer sich daran orientiert, kann das Umnutzen sowohl für Sachthemen als auch für den Umgang mit Menschen einsetzen.

Das brauche ich doch etwas praktischer.

Gut. Bitte stellen Sie sich vor, eine Gruppe bearbeitet das Thema »Delphine«. Machen Sie doch mal ein Mini-Brainstorming: Einfach losspinnen und 10 Einfälle dazu aufschreiben.

Das kann ich jetzt schon denkt Anton Auster und notiert.

Lustig, Wasser, Säugetier, gelehrig, hilfsbereit, Behindertenhelfer, in Gruppen lebend, springen, quietschen, Tunfisch-Tabu.

Prima. Nun sagt aber jemand in der Gruppe »Wald«. Was sagen Sie?

Blödsinn.

Genau, Sie haben zwei Möglichkeiten: Entweder Sie ärgern sich und äußern, dass Sie die Bemerkung unpassend finden, oder aber Sie nutzen den »Wald« um. Probieren Sie es doch mal.

Wald und Delphine? Das gehört doch überhaupt nicht zusammen. Da fällt mir nichts ein. Na ja, höchstens, wie lange kann ein Delphin im Wald sein? Aber das ist wohl eine blöde Frage.

Im Brainstorming existiert nichts Blödes, wenn Sie sich an die zweite Brainstorming-Regel erinnern. Außerdem finde ich Ihren Einfall wunderbar:

Wie lange können Delphine an Land sein, ohne Schaden zu nehmen? – Das ist eine ebenso wichtige wie spannende Frage. Genauso ist das Umnutzen gemeint. Mir z. B. fällt zu »Wald« ein:

Wie der Wald dem »Delphin-Stormen« nützt.

- *Wald duftet: Können Delphine riechen? Wenn ja, was und wie oder wo geschieht das?*
- *Wald ist grün: Können Delphine Farben sehen? Apropos grün: Essen Delphine Fische oder Grünes? Was, wann und wie?*
- *Mangrovenwälder mit Wurzeln im Meer: Halten sich Delphine gern dort auf? Wie verhalten sich die Tiere überhaupt im Verhältnis zur Küstenbeschaffenheit?*
- *Wald, Holz, Treibholz: Wie identifizieren Delphine so etwas? Müssen sie daran lecken? Wie geht Erkennen bei Delphinen? Wie lernen sie so etwas? Wann spielen sie mit Holz?*

Alle Achtung! Das ist viel origineller als mein Brainstorming.

FAZIT

Ein wichtiger Punkt: Das Umnutzen belegt: Banales gibt es nicht. Das Brainstorming ist zumeist eher »geradeaus«, zugleich aber auch unerlässliche Voraussetzung für das Umnutzen. Entscheidend ist die Folge-Erkenntnis: Umnutzen erlaubt, aus Schrott Steigbügel für originellere Ideen zu machen, weil es hilft, viel leichter aus der Einfalls-Rille zu springen. Allerdings braucht das Training.
Wenn Teams systematisch mit dem Umnutzen arbeiten, können sie sich leichter vom Falsch-Richtig-Denken im Ideen-Vor-Spiel des Kreativitätsprozesses lösen. Durchs Umnutzen entsteht ein fruchtbareres Klima. Denn es gibt viel zu lachen, und zwar ohne Häme. Es wird nur noch auf das geachtet, was »in der Flasche drin ist«. Die Konsequenz: Die Ergebnisse werden besser, weil Sie sich kreativerer Einfälle bedienen und in der Gruppe entsteht eine neue Achtsamkeits-Kultur, weil niemand mehr verlacht, sondern im Gegenteil für kühne oder zunächst abwegig erscheinende Einfälle geschätzt wird.

Das ist wirklich interessant. Aber solche Vorgehensweisen im Kollegenkreis, das kann ich mir gar nicht vorstellen. In der Schule, da würde das Spielerische vielleicht leichter fallen. Wenn ich ehrlich bin, verstehe ich noch immer nicht richtig, warum ich diese Dinge üben sollte, und was genau dahinter steckt?

TIPP

Sehen Sie diese Möglichkeit einfach als Chance für sich selbst, solange die Schule oder Ihre Kollegen solche Vorgehensweisen nicht aufgreifen. Trainieren Sie in der Familie täglich drei Minuten oder nächstens beim Auto-Fahren oder beim Reisen, wenn die Fahrt langweilig ist. Auf die Dauer nutzen Sie so allen Beteiligten: Wer professionell kreativ ist, kann offener, einfallsreicher und angstfreier werden.

Die vier Denk-Säulen – das Denk-Lust-Prinzip

Das Denk-Lust-Prinzip kennen lernen ist die Schatztruhe, in der sich alle Kreativitätsschmuckstücke befinden. Mithilfe dieser Prinzipien kann man sich und anderen systematisch als allererstes Lust auf alle Themen und Menschen verschaffen. Der Kniff ist, im ersten Schritt nicht, wie gewohnt sachlich zu beginnen, sondern: erst das Spiel und dann die Arbeit. Also erst mal spielerisch herangehen und danach scharf durchdenken. Denn der Heilige Augustinus hat recht: »Nur wer den Funken im Herzen hat, kann die Flamme bei anderen entzünden«. Das Denk-Lust-Prinzip ist die Entflammungs-Methodik schlechthin. So sieht sie aus:

Der erste Schritt jeder Kreativitäts- und Kommunikations-Arbeit ist die Aufgabe, sich und anderen Lust auf Themen und Menschen zu verschaffen.

Wer keine Lust hat, macht sich welche

Die erste Säule mit Namen »Kohärenz-Kick« (lateinisch = zusammenhängen) bedeutet: den Kick der offenkundigen und verdeckten Verbindbarkeit aller Dinge und Ideen dieser Welt zu nutzen. Das ist ebenso erstaunlich wie hilfreich. Die Kohärenz, also das **Zusammenhängen aller Dinge**, erlaubt mit Training zwischen allem und jedem Verbindungen herzustellen und dadurch einen enormen Zugewinn an Einfällen, an geistiger Beweglichkeit und spannender Trefflichkeit zu entwickeln – sei es beim Kreativieren, Denken, Schreiben, Reden oder Kommunizieren.

Die zweite Säule ist die fundamentale Einsicht, dass Optimales, also das Beste, **Zeit** braucht. Nicht viel. Aber Geistesblitze sind meist eher Glücksfälle. Deshalb wird oft das Gute zum Feind des Besten. Wirklich Vorzügliches zu entwickeln, ist stets ein Prozess, der wie ein gelungenes Liebesspiel funktioniert. Auch dem Ideen-**Vor-Spiel** nutzt, wenn es ohne Scheu und Ehrgeiz vor sich geht. Und: diese Phase sollte fest eingeplant sein. Es zeigt sich, dass oft erst der 77ste Einfall der Geistesblitz oder der Musenkuss ist.

Schauen Sie sich den Inhalt der Schatztruhe, also die Prinzipien, in aller Ruhe an, bis Sie diese hilfreichen Instrumente nicht mehr missen möchten.

Die dritte Säule ist die Grundeinsicht, dass **nichts grau** ist. Alles ist eine Frage des Drehs, bis der Regenbogen kommt. Die Perspektive zu finden, die die Betrachtung lohnend macht, ist eine zu professionalisierende, trainierbare Leistung.

Die vierte Säule besteht in der Grundeinsicht, dass Professionalität zugleich die Sinn-Richtung aller braucht – monaktionell wie koaktionell. Das bedeutet, dass der Rahmen für den zu erreichenden Gipfel (das Ziel = Gespräch, Konferenz, Veranstaltung, Fest etc.) für alle klar und transparent ist, und Instrumente für jede Situation bekannt sein und bereit stehen sollten. Mithilfe von Geländern, die man entlanggehen, aber auch loslassen oder daran herumturnen kann, ist der Weg zu höheren Gefilden für die Beteiligten deutlich leichter und stressfreier. Vor allem, wenn man die Erkenntnis zu Grunde legt, dass alles stets systematisch und ganzheitlich gegliedert ist. Das bedeutet, zu erkennen, dass jede Aktivität immer drei Teile hat, die alle gleich professionell erbracht werden müssen. Wer nur die Durchführung trainiert, vergisst, dass die Vor- und die Nacharbeit genauso bedeutsam für das Gelingen sind und grundsätzlich vorab Werkzeuge und Methoden mit wegweisenden Geländern erworben sein wollen, um in der Tiefe professionell zu agieren.

Werkzeuge, Wegweiser und Geländer sind z. B. (Muster siehe Seite 44)

1. **Know-How-Geländer** im **Vorfeld** (z. B. das Umnutzen Seite 24, Tempo 30 Seite 16, MOSEzieren Seite 20))
2. **Stragegie-Geländer** für den **Kontaktbeginn** (z. B. Frage- oder Ablauf-Geländer für ein Gespräch, um den Erstkontakt zu optimieren)
3. **Vorbereitungs-Geländer** für die **Vorarbeit** vor Ort (z. B. Festvorbereitung/Aufbau-Checks für Gäste/Bühne/Hausmeister/Technik etc.)
4. **Durchführungs-Geländer** für die eigentliche **Kommunikation** (z. B. Rede-Geländer für mehr Sicherheit beim Vortragen)
5. **Detail-Geländer** für die **Nachbereitung** (z. B. Klar-Schiff-Check, Ergebnis-Check und Erkenntnis-Sicherungs-Check)
6. **Info-Geländer** wie Capito-Lexikon mit eigenen Lern-Punkten, um die Kurve das nächste Mal noch besser zu kriegen.

Wie das in der Praxis funktioniert, wird sich lichten. Sie lernen hier Werkzeuge kennen, die Sie für sich selbst wie für den Umgang mit anderen einerseits schon kennen und andererseits noch kennen lernen oder ausbauen können. Nehmen Sie zunächst alles erst in Ruhe zur Kenntnis. Der Wert kann sich erst nach einer Weile für Sie herausstellen.

Der Minitrick – das Wenden

Konflikte lösen durch Kopf-Turnen mit »Wenden« oder »aus jedem Fleck ein Blümchen«.

Bevor Sie die Geländer näher kennen lernen, können Sie jetzt Methoden testen, die helfen, in der Praxis Konflikte leichter zu meistern. Zugleich sind sie Denksport, also eine Art »Kopf-Turnen, Brain-Building oder Kreativitäts-Jogging«. Diese Methoden gehören zu Regel 2 von AKUT: Keinerlei Kritik. Am besten, Sie probieren es direkt mal aus.

TEST

»Wenden«

Bitte notieren Sie drei negative, ängstigende oder öde Wörter auf grauen Pits.
Hm, was fällt mir da ein? Vielleicht: Ekel, Mord, Aktendeckel.

Bitte schreiben Sie zu jedem Wort jetzt drei schöne Einfälle auf grüne Pits.
Wie??? Na gut, ich versuch's: Ekel → Schutz vor Schädigendem/Gespür für Schönes/Hilfe, sich zu entscheiden.
Mord → der gerechte Mord/Rachsucht befriedigen/Gerichtsbarkeit: Schuldige finden.
Aktendeckel → Übersicht/Ordnung/Zugriff.
Verstehe. Aber was ist der Unterschied zum Umnutzen?

Beim Wenden suchen Sie nur positive Aspekte des eigentlichen Themas. Beim Umnutzen dient der Einfall als Steigbügel in alle Richtungen. Dabei wird der Begriff nicht unbedingt wörtlich genommen. Ihre drei Begriffe umgenutzt wären z. B.: Ekel → Grundwasser, Mord → Richterrobe, Aktendeckel → Ärztekartei.
Aha. Wenden heißt also mehr ins gefühlsmäßig Gegenteilige denken? Und wann nutzt man das?

Im Alltag, wenn Sie z. B. jemand bei Selbstzweifeln oder Flaschen-Leer-Sicht helfen möchten. Beispiel, wie ich mir selbst damit helfe: Vorhin sagten Sie, das Umnutzen sei viel origineller als Ihr Brainstorming (siehe Seite 24). Ich wandte ein, dass das Brainstorming zunächst wichtige Voraussetzung für das Umnutzen sei. Diese Bemerkung war eine Form des Wendens.

FAZIT

Wichtiger Punkt: Solche Methoden sind in der Praxis nur dann hilfreich, wenn sie mit viel Fingerspitzengefühl gewählt, authentisch und wahr sind. Ein Kommentar von Thea Testalina wie »Ihr Brainstorming war das Originellste aller bisherigen Testpersonen« hätte Sie vermutlich – trotz der Anerkennung – eher misstrauisch verstimmt als beglückt, weil es Ihnen übertrieben und unecht vorgekommen wäre.

Hilfe aus Fernost – das Dialektonisieren

Lohnender Denksport ist das Dialektonisieren, bei dem Sie die Dinge in sich selbst drehen.

Mit der Methode »Dialektonisieren« lösen Sie sich vollkommen von der einfachen »Falsch-Richtig-Denke«, die unserer Kultur tief anhaftet. Der Ansatz ist wieder Punkt 2 von AKUT (keinerlei Kritik). Hier nutzen Sie die Form des Yin-Yangs als Denk-Form, um Gedanken in sich selbst weiterzudrehen.

Das Dialekton

Das Dialekton zeigt, dass es tatsächlich nichts gibt, was nur negativ oder nur positiv ist. Ähnlich wie das Umnutzen (siehe Seite 24) machen solche Trainings das Denken beweglicher, origineller und reifer. Durch das In-sich-Herumdrehen lassen sich Auswege finden, wenn Sie sprachlos zu werden drohen oder eine Situation verfahren erscheint. Das Dialekton beschert Ihnen eine neue Dimension des Denkens, weil es häufig zu anderen Ideen verhilft, die Ihnen ohne das Werkzeug vielleicht schwerer einfiel.

Den Gedanken verstehe ich. Aber noch nicht so ganz wozu das gut ist? Sagen Sie mir wo ich das brauche. Ich bin so ein praktischer Mensch.

Sie telefonieren mit einem Menschen, der meckert. Dann können sie nach dem »Echo-Wald-Prinzip« reagieren – also wie man reinruft, schallt es heraus – oder sie drehen den Gedanken in sich herum und ändern dadurch das Gesprächsklima. Beispiel: Ein wütender Kunde brüllt ins Telefon: »Unverschämt, dass Sie die Lieferung noch nicht geschickt haben«.
Normal-Reaktionen darauf sind:
1. Abwiegeln: »Nun regen Sie sich nicht auf«.
2. Rechtfertigen: »Wir haben so viel zu tun gehabt, und eine Kollegin war krank«.
3. Lügen: »Sie ist schon raus, aber die Post ...«.
4. Gegen-Aggression: »Können Sie mal einen anderen Ton anschlagen?«.
Oder aber:
5. Dialekton-Reaktion: Wirklich ärgerlich für Sie. Die Verspätung tut mir leid. Wie gut, dass Sie sofort reklamieren. So kann ich veranlassen, dass die Ware schnellstmöglich bei Ihnen ist.«

TEST

»Dialektonisieren«

Zum Trainieren nehmen Sie ein Dialekton-Visual (siehe Seite 31) und fünf Pits – eins blau, zwei grün, zwei grau in so unterschiedlichen Formaten wie im Muster.

1. Das Thema kommt auf das blaue Titel-Pit. Als Test-Vorschlag das Thema: »Glas«

2. Auf das große, grüne Team-Pit schreiben Sie die Antwort auf die Frage: Was ist das große Schöne daran?

ist durchsichtig

3. Auf das schmale graue Text-Pit kommt, was daran das kleine Störende ist.

nichts verbergen

4. Was daran das große Störende ist, notieren Sie auf dem großen, grauen grauen Pit.

keine Intimität

5. Und was daran wieder das kleine Schöne ist, halten Sie auf dem schmalen, grünen Text-Pit fest.

spürt, wer rein darf

Wer sich ein Denk-Hochleistungs-Training wünscht, kann den einen Gedanken zusätzlich je vier-Mal emotional, in Bezug auf die Sache (= Inhalt) und die Mache (= Aus-/ Durchführung) weiterdrehen.
Die Folge: Aus einem Gedanken werden 16 neue mit spontanem Dreh.

TIPP

Auch diese Art des Denkens will trainiert sein wie straffe Muskeln – mit dem Vorzug, dass Sie geistige Fitness ohne Extra-Raum, ohne Spezialkleidung und ohne Eintritt überall – beim Zähneputzen oder an der Ampel – üben können.

Apropos Ampel: Testen Sie mal an dem Beispiel: Wo Sie im Dialekton beginnen und welche Reihenfolge Sie zum Trainieren nehmen, ist Ihre Sache. Der Trick ist, einen einzigen Gedanken vier Mal in sich selbst herumzudrehen.

Der antike Kniff – das Anagrammieren

Noch originelleren Denksport bietet Ihnen das »Anagrammieren« oder auch die »Schatzsuche im Buchstaben-Spiel«. Das Anagrammieren ist eine Technik aus der Antike. Hierbei werden die Pits hochkannt eingesetzt. Sie können aber auch mit Scrabbel-Steinen spielen. Anagrammieren bedeutet, die Buchstaben eines Namens oder eines Wortes als kreative Anregung zu nutzen.

Ich erläutere das mal an meinem eigenen Namen. Mein Nachname bedeutet auf italienisch buchstäblich »Köpfchen«.

Aus allen Buchstaben des ganzen Namens lässt sich scrabbeln oder »anagrammieren«:

- *schmeichelhafterweise: A, sie hat Talent*
- *als Berufsbeschreibung: »hat Test an Laie«*
- *als Kritik am Vorgehen: »Tat Laie hasten«*
- *und meine Aufgabe poetisch ausgedrückt: »tat Saat leihen«*

Ist ja super. Das mit dem Hasten stimmt sogar: Sie sind ziemlich flott. Und was kommt bei mir raus? Das will ich sofort ausprobieren. Bei meinem Namen weiß ich bisher nur, dass »Anton« vom »Heiligen Antonius« stammt, dem Heiligen, der beim Suchen hilft und »Auster« zeigt, dass ich zwar schwer zu knacken bin, aber doch eine Perle in mir habe. Was anderes wusste ich bislang nicht.

»Anagrammieren«

Bitte kleben Sie Ihren Namen auf. Ich lasse Sie mal eine Viertelstunde zum Knobeln allein.

- Tau an Ostern

Hm, sagt entweder, wie lange ich zum Auftauen brauche. Oder ich muss es zum Segelturn umnutzen. Also das Anagrammieren ist spannend, fiel mir aber gar nicht so leicht.

In jedem Namen stecken tausende von Anagrammen.

Ja, Sie merken, auch das will trainiert sein. Ich habe in der Zwischenzeit Ihre Voll-Anagramme, also die, bei denen alle Buchstaben aufgehen, mit dem Computer erstellt und ein paar davon mitgebracht. Eine Auswahl deshalb, weil bei Ihrem Namen etwa 180 Voll-Anagramme und 2510 Teil-Anagramme (nicht alle Buchstaben) herauskommen. Bei mir sind es übrigens über 279 Voll-Anagramme und 6198 Teil-Anagramme.
Diese Anagramme passen besonders für Ihren Test:

- *zu Ihrer Rolle hier: Trat so neu an*
- *zu dem, was das Test-Team von Ihnen erhofft: Raten aus Not*
- *und: Rät an: so tun*
- *zu Ihrem Wesen: Natur-Sonate*
- *und: Stern an Auto – fahren Sie einen Mercedes?*

Nein, davon träume ich nur.

FAZIT

Das Anagrammieren ist nicht nur ein Denksport für mehr geistige Flexibilität, sondern für Situationen aller Art geeignet, in denen Sie kreative Anregungen brauchen. Sie können anagrammieren, also scrabbeln, bei der Suche nach einem Namen, einem Glückwunsch oder einer Idee, und die Methode mit dem Umnutz-Kniff verbinden. Oder wenn Sie für irgendeinen Anlass eine Rede halten müssen oder eine Geschenk-Idee suchen: schauen Sie einfach mal in die Anagramme. Auch als Tischkarte oder als Gag-Geschenkanhänger sind Anagramme geeignet. Vorzug: jeder-r hat sie. Die meisten kennen ihre Anagramme nicht. Also ein pfiffiges Geschenk für jemand, der oder die schon alles hat.

TIPP

Anagramme können Sie auf zwei Arten bilden: Einmal so wie es Ihnen Anton Auster vorgetestet hat: mit Pits, mit den Händen. Das hat den Vorzug, dass Sie Ihren eigenen Erkenntnis-Prozess nachvollziehen können. Denn Anagrammieren funktioniert nach dem Hegel-Satz so: Man erkennt nur, was man kennt. Auf diese Weise werden Sie feststellen, wie viel interessanter und tiefer Ihre Entdeckungen mit wachsendem Training werden, und welchen zusätzlichen Aufschluss Ihnen die Rangfolge Ihrer Entschlüsselungen erlaubt. Die Ergebnisse können in sinnvoller Farbsprache sofort sortiert werden.
Der zweite Weg ist, das Internet zu benutzen (www.droemer-weltbild.de). Hier wird die Kreativität auf andere Weise herausgefordert und geschult. Da gilt es aus zum Teil Tausenden von Ergebnissen kluge herauszufinden. Das gelingt am besten, wenn Sie die Anagramm-Listen aus dem PC mit einer Art Suchbrille anschauen. z. B. zum-Geburtstag-Wünsche, zur-Hochzeit-Perspektiven, zum-Jubiläum-Eigenschaften, zur-Pensionierung-Reiseziele, Tiere etc.

Im Zeichen der Denkrose – das WOSE-Selbst-Interview

Wie der Wind: In vier Grundrichtungen stürmen, bringt Frische ins Denken. Motto auch hier: erst das Spiel und dann die Arbeit. Geht fixer und ist so viel effektiver.

Als nächstes Angebot steht das »WOSE-Selbst-Interview«, also das »Selbstgespräch zum Handhaben« zu einem Thema Ihrer Wahl an. Wenn Sie gerade nichts Aktuelles parat haben, können Sie sich auch dafür ein Thema erpitten (siehe Seite 18). Oder Thea Testalina liefert eine Idee.

Wie wäre es mit: »Wozu brauche ich Kreativität«.
O.K. Was muss ich tun?

Hier ist eine A4-Seite mit je 10 Pits in Rot = **W**ichtig, Weiß = **O**ffen, Grau = **S**törend und Grün = **E**rfreulich (= **WOSE**). Der Dreh ist, dass Sie, wenn Sie die Methode für sich allein nutzen, alle 10 (besser noch 20) Pits pro Spalte ausfüllen. Das Übersoll hilft, zu mehr als nur zum Denken zu kommen. Erst durch die Menge wird daraus eine Einladung zum Spinnen. Wenn die Pits ausgefüllt sind, können Sie die Seite kopieren oder sie sofort auflösen und die Einfälle in eine sinnvolle bewertende Rangfolge bringen. Auf diese Weise werden Gedanken nicht nur sichtbar, sondern auch handhabbar. Und das verändert den Zugang zu einem Menschen, einem Konflikt oder einem Thema, das Sie bearbeiten möchten.

Der Pfiff ist, dass Sie auch hier die Yin-Yang-Reife nutzen, weil durch die WOSE-Kreativ-Strategie eben alles und jedes – wie bei Licht und Schatten – gleich viel Wichtiges, Offenes, Störendes und Erfreuliches enthält. Mit dem Dialekton-Kniff lassen sich leicht neue Einfälle produzieren.
Wenn Sie stocken: einfach einen Gedanken in sich herumdrehen. Und für aufwendigere Projekte lohnt sich MOSE ISST (= **I**nfo-Quellen, **S**ymbole, **S**innliches, **T**ools) WOSE als Profi-Top-Brainstorming.

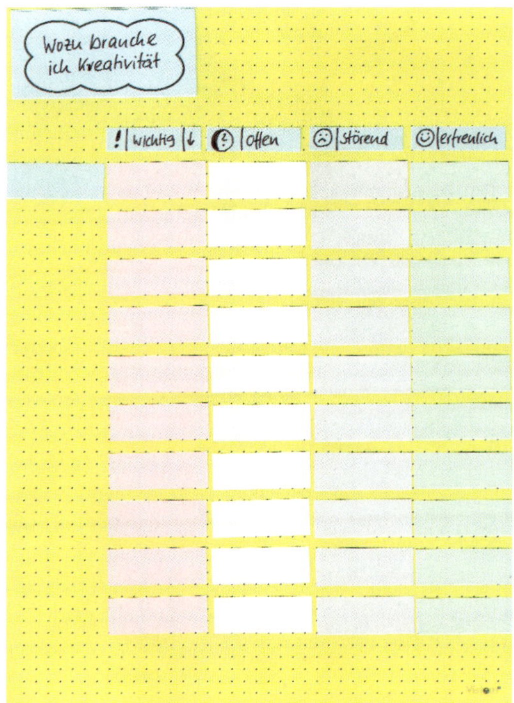

Wie Graues bunt wird – das Vistem-Färben

Wie das »Selbst-Interview« gerade zeigte, können Farben beim Assoziieren und Denken helfen. Um dieses Verfahren noch etwas weiter zu drehen, können Sie jetzt mit dem »Vistem-Färben« eine besonders einfache Technik erlernen:

TEST

»Vistem-Färben«
Bitte stormen Sie 10 Einfälle zu Baum auf ein weißes Blatt.
Ast, Blatt, Stamm, Wurzel, Käfer, Alter, Rinde, Wasser, sägen, Früchte.
Was fällt Ihnen dazu auf oder ein?
Das kann ich jetzt mal aus dem Kopf mithilfe des Selbst-Interview-WOSE-Musters ausprobieren:

- **W**ichtig: Meine Einfälle zeigen den Baum als eine Einheit.
- **O**ffen: Es fehlt der Symbol-Gedanke des Baumes.
- **S**törend: Das Sägen stört mich jetzt, es ist ein Eingriff in den Baum und in die Einfälle.
- **E**rfreulich: Sägen eröffnet neue Gedanken. Durch Sägen kann ich einen Baum vor dem Kippen bewahren oder jemand mit seinem Brennholz retten z. B. vor dem Erfrieren. Ich kann mit dem Baum Häuser oder Möbel bauen.

Herrlich! Bei Vistem, also bei Visualisieren mit System, haben die Pit-Farben eine systematische Sprache. Hier, schauen Sie auf das Visual. Es kann Ihnen zugleich als Storm-Geländer dienen. Bitte sammeln Sie jetzt doch nochmal je drei gefärbte Einfälle zum Baum. Den Bedeutungs- oder Emotions-Dreh sage ich dazu:

Baum

Bereich, Kategorie: Also, der Baum ist eine Pflanze, gehört in die Vegetation, in die Flora

Baum

Info/Details:
Stamm, Krone, Blätter

Baum

Offene Fragen: Wann ist eine Pflanze ein Baum und wann nicht? Wie viele Bäume gibt es? Warum sehen Bäume so unterschiedlich aus?

Baum

Wichtig: Bäume ermöglichen das Atmen. Bäume ernähren uns. Sie sind Wirte für Insekten und Vögel.

Baum

Erfreulich oder mir gefällt: Der Schatten, das Rauschen, die Früchte und der Duft.

Baum

Problem, störend oder missfällt: Das ist schon schwerer. Ach nein:
Ich denke ans Wenden in die andere Richtung und ans Dialekton, dann komme ich auf: sie können zu viel Schatten werfen, die Blätter können im Herbst gefährlich glitschig werden, es gibt auch hässliche Bäume.

Vom Humus zur Ernte – Klaster-Methoden

Einfälle gewichten mit einfachen Sortier-Tricks.

Tatsächlich muss der Wust an Ideen natürlich eingedampft werden. Ein schlichter Weg, der ganz fix geht: blitzartig die Wörter anstreichen, die Sie spontan ansprechen, dann auf Pits schreiben und nach Bedarf durch Umkleben in eine sinnhafte Ordnung bringen. Es gibt aber noch andere Möglichkeiten, um die Ideenflut zu bündeln.

Per Libra gewichten

Sie können Ihre Einfälle jederzeit mit »Libra« gewichten. Libra heißt lateinisch »Das Gewicht«. Diese Technik hilft Ihnen spielend leicht, die Fülle systematisch einzudämmen. Dazu erhält jede-r für sich oder das ganze Team ein Visual, das wie das nebenstehende Muster aussieht.

So funktioniert Libra
Greifen Sie einfach für diese Art des Gewichtens auf Ihre Vorarbeit mit »Tempo 30« (siehe Seite 16) oder mit dem »MOSEzieren« (siehe Seite 20) zurück. Werfen Sie zunächst bitte einen Blick auf das Muster-Visual. Pro Spalte können Sie – je nach Zeit, Lust und Absicht – insgesamt 20 bis 50 oder – je nach Gruppengröße – drei bis fünf Pits pro Person aus Tempo 30 oder dem MOSEzieren oder neu Gewähltes unterbringen. Und zwar die Einfälle, die:

- Sie sofort **wichtig** finden,
- die Ihnen auf Anhieb **gefallen**,
- die Ihnen besonders **auffallen**
- oder Ihnen ganz **neu** einfallen.

TIPP

Beim Gewichten entscheiden Sie sich ganz fix und spontan aus dem Bauch. Nehmen Sie einfach, was Ihnen Spaß macht, ohne zunächst an die Weiterverwendung zu denken. Die Grund-Idee ist immer noch, sich selbst und anderen Lust am Thema zu machen.

Zum Vorstellen und Schnuppern zeige ich Ihnen am besten ein Beispiel aus meiner Arbeit. Bei Interesse können Sie Libra in Ruhe für sich selbst trainieren. Das Beispiel-Thema heißt: Gefahr für heiße Herzen – Burn-out (beruflich ausbrennen).

1. *Schritt hier: In diesem Fall Brainstorming nach MOSE (siehe MOSEzieren Seite 20)*
2. *Schritt: Ideensammlung mit der Libra = gewichten.*

Wer Libra für die Monaktion benutzt, fährt besser mit vier bis acht Plan-Pits, die Sie in Ihrem Pit-Kit finden. Team-Pits, mit dickem Stift beschrieben, sind gut von Gruppen mit 12 bis 16 Personen zu lesen.

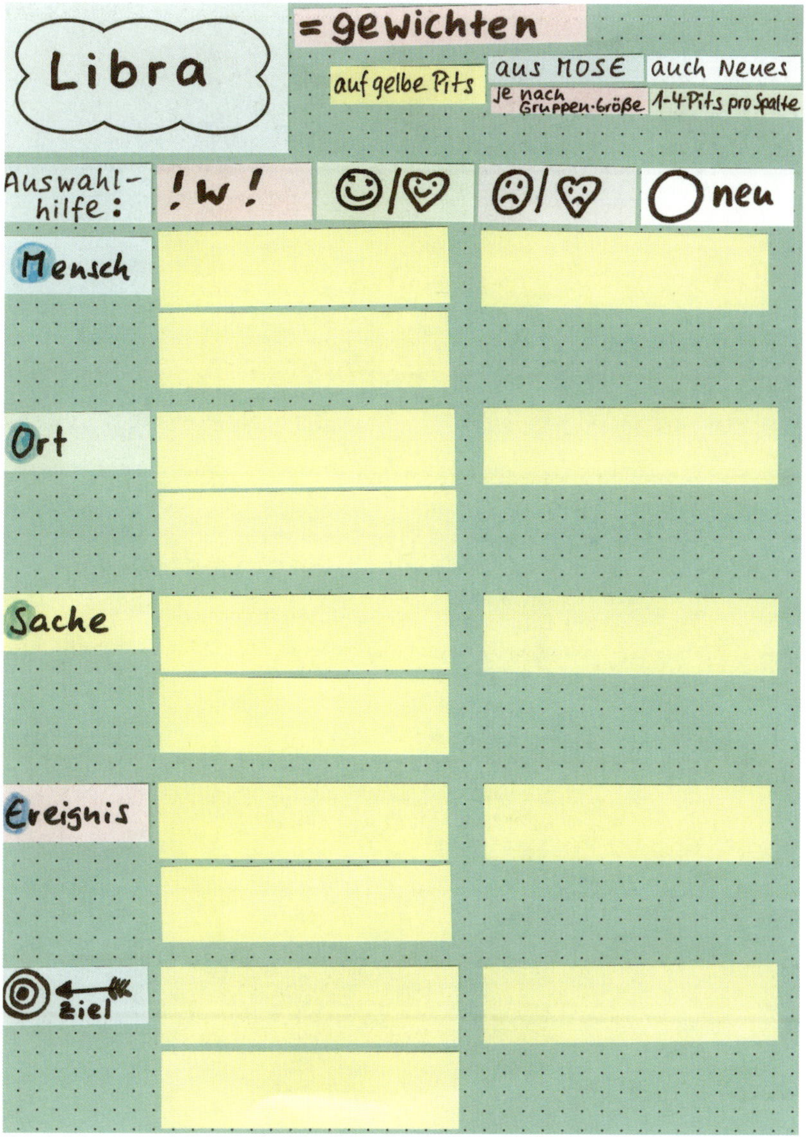

Testen Sie:
Jeden Einfall, den Sie flach oder unpassend finden, weiterdrehen oder umnutzen. Bringt gedanklich weiter und zu neueren Ansätzen als nur Nase-Rümpfen.

Bei diesem Beispiel haben zwei Personen ein Libra-Visual gepittet. Obere Zeile Person 1 untere Person 2. Wenn ein Einfall gedoppelt wäre, wird er ebenso achtsam behandelt und umgenutzt. So entsteht eine tiefere Denk-Qualität und Sie freuen sich auf Dauer über Doubletten, weil sie eine größere Herausforderung im Wenden, Dialektonisieren oder Umnutzen bergen.

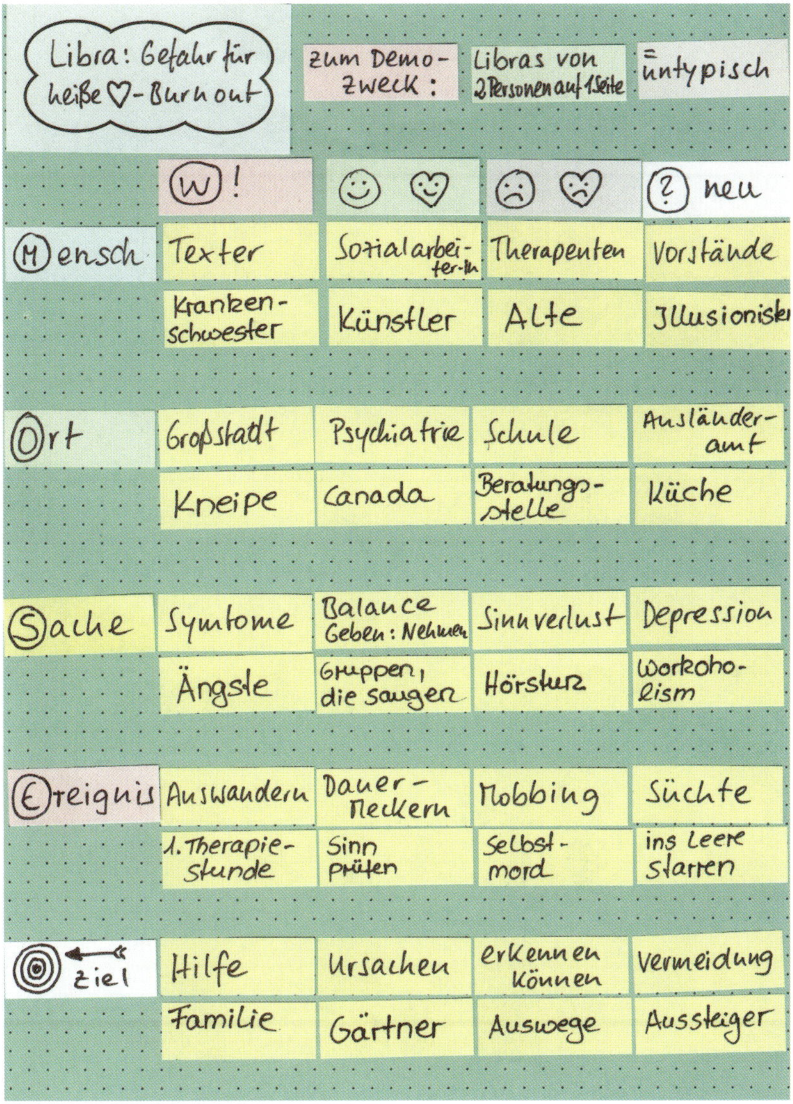

Einfälle sortieren – Klaster-Strategien

Jetzt kommt der nächste Schritt das »Klastern«, um Ordnung in das Ideenchaos zu bringen. Hier geht es darum, die Strukturen, die genialerweise in allem enthalten sind, zu entdecken und zu nutzen. »To cluster« stammt aus dem Englischen und bedeutet »Sinntrauben bilden«. »Klastern« auf Kölsch heißt »an die Wand kleben«. Genauso geht es: Sie kleben Ihre Pits aus Libra in Sinngruppen entweder auf ein Visual oder – z. B. bei einer größeren Gruppe oder Pit-Menge – an die Wand, die Tür, das Fenster.
Die zwei ersten Klaster-Methoden auf Ihrem Menü-Plan sind sowohl Quick-Techniken für den Alltag als auch »Finger-Fitness«-Methoden zum Trainieren. Alle jedoch taugen für den Ernstfall und können je nach Menschentyp und Anlass ausgewählt werden:

- Das Waben-Facettieren
- Das WOSE-Rosettieren
- Das KESSER-BESSERn (siehe Seite 46)
- Das Retrus-Vistemen (siehe Seite 50)
- Das Vaisheshika-Ranking (siehe Seite 52)

Unterschied zwischen Quick-Technik- und »Finger-Fitness«-Methoden ist: die erste geht blitzartig anzuwenden, die zweite dient dazu, die Methode aus dem FF zu können

Diese Methoden zeigen Ihnen neue Wege, wie Sie lernen können, jede Form von Inhalts-Vermittlung: einen Brief, eine Rede, ein Gespräch, einen Ablauf in zwei bis fünf Minuten zunächst kreativ-chaotisch zu entwerfen und dann – je nach Länge und Zweck – in zwei bis zwanzig Minuten zur Weiterverwendung in eine durchdachte Struktur zu bringen. Wer diese Methoden erlernt, hat nie mehr Angst vor dem berühmten leeren Blatt, kann besser und fixer arbeiten, freier reden, dramaturgisch durchdachter schreiben und reizvollere Abläufe entwerfen und gestalten.
Bitte probieren Sie es doch einfach mal aus.

Das Waben-Facettieren

Honig sammeln und sortieren

1. Wählen Sie bitte zunächst ein Thema. Stormen Sie 20 Einfälle und schreiben Sie jede Idee auf ein gelbes Pit. Gelbe »Honig«-Pits, da es zunächst um zu sammelnde Infos und Details geht. (Wer mag, kann die Pits von einem gefüllten Libra-Visual nutzen.)
2. Verteilen Sie die Pits in die leeren Waben-Facetten, indem Sie die Einfälle sinnhaft in vier Gruppen gliedern.
3. Versehen Sie jede Facette mit einer Überschrift, indem Sie sich für die in den Facetten versammelten Pits einen Oberpunkt überlegen. Der kommt auf ein blaues Pit.

FAZIT

Auf diese Weise kommt eine kreative Struktur für Ihr Thema zustande, die Ihnen später beim Weiterdenken und Vervollständigen wichtige Impulse geben kann. Wenn Sie jetzt etwas Längeres über Ihr Thema zu schreiben hätten, können Sie eine neue Arbeits-Seite dazunehmen, auf der Sie – wieder ungeordnet - gestürmte Einfälle blitzschnell produzieren können, die dann in die Vorstruktur übernommen werden. Zuordnen und fertig.

Durch die Waben-Facetten entsteht ganz fix ein inneres Bild, welche Gedanken wie zusammenpassen. Erst kreativ sein, dann die Ordnung entdecken und durchdenken.

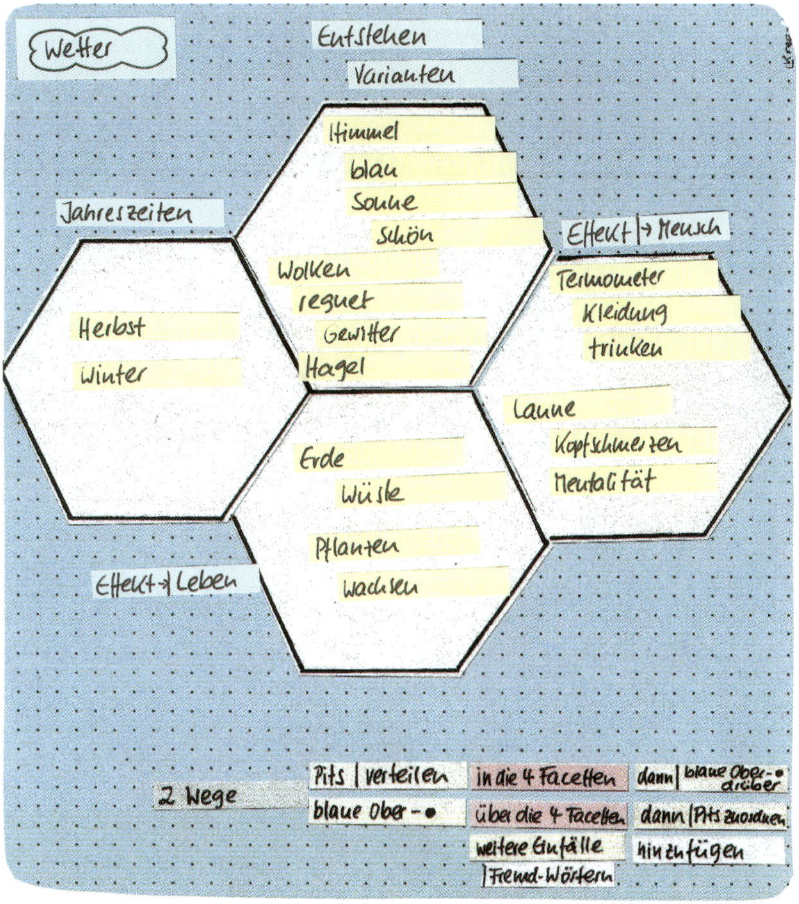

TIPP

Wer beispielsweise eine Blitz-Rede von drei Minuten – eine spontane Geburtstags-Rede, eine Dankes-Erwiderung, die aus mehr als Höflichkeitsfloskeln bestehen soll – halten möchte, kann die Facettier-Seite sofort als Rede-Vorlage benutzen. Wer einen Aufsatz, einen Artikel, einen Schriftsatz oder ähnliches verfassen will, wird die Einfälle weiter ergänzen und abrunden.
Machen Sie sich zur Gewohnheit: Erst spinnen, dann ordnen. Dadurch sparen Sie Zeit und kommen flotter zu besseren Ergebnissen.

Im Namen der Denkrose – das WOSE-Rosettieren

Die nächste Methode funktioniert ähnlich wie das Waben-Facettieren. Nur dass Ihnen dieses Visual auf Seite 43 nun vorschlägt, mit dem Grund-Emotions-Dreh des WOSE-Selbst-Interviews (wie die Windrose immer aus vier Richtungen) zu stormen. Die Assoziations-Vorgabe funktioniert als ein Ideen-Geländer und lässt – wie beim Färben – den Einfallsreichtum spontan anschwellen.

Wann welches Modell angebracht ist, das hängt ab vom Menschentyp, vom Zeitaufwand und vom Ziel dessen, was Sie tun wollen. Beispielsweise hat eine Rede in WOSE-Rosettier-Form immer einen emotionalen Spannungsbogen, der den Inhalt automatisch interessanter macht. Wer z. B. eine Geburtstagsrede halten soll, kann auch in der grauen Facette – zur Erinnerung: grau steht für störend oder missfällt – etwas Freundliches verstecken.

Ein Beispiel: »Wie gut, dass ich Ihnen zum 60. heute auch mal sagen kann, was mir ziemlich missfällt: Wenn ich sehe, wie Sie die Teamsitzungen leiten, erblasse ich immer vor Neid. So gekonnt machen Sie das«.

Die Strategie: Aufmerksamkeit erzielen durch die Aggression und selbstironisch Anerkennung spenden über den emotionalen Dreh zur Selbstkritik.

Auch das Denken in der WOSE-Rosette braucht anfangs drei Minuten Brain-Fitting. Nachher ist es das einfachste Eindampfmittel und Denk-Geländer, das verlässlich zu interessanteren Einschätzungen und Reden führt.

»Honig« mit Gewichtungs-Dreh: Die beiden Klaster-Trainings-Visuale haben nicht zufällig Wabenform. Bildlich gesprochen geht es dabei um die Finger-Fitness, möglichst schnell »Honig« zu sammeln, die verschiedenen Sorten getrennt zu verpacken, um das Gesammelte nachher flott weiterverarbeiten zu können.

TIPP

Wer über vier bis acht Wochen trainiert, kommt danach spielend leicht in diese reifermachende Art des Vorgehens (schließlich haben alle Dinge und Menschen immer gleichzeitig alle vier WOSE-Facetten), in die verändernde Weise des gedanklichen Öffnens und in den Zeitgewinn durch das Blitz-Stormen hinein. Wer mag, kann sich auch diese Übungen als eine Art Ampelphasen-Training wie beim Dialektonisieren (Seite 29) angewöhnen. An jeder Ampel eine Facette von WOSE-Rosettieren herauspicken. Der Erfolg: Sie lernen ohne Scheu und Scham vor sich hinzusprudeln und büßen dabei als Erstes die Selbstkritik ein, die bei vielen der blockierendste ständige Begleiter ist. Das wäre bereits ein Riesenfortschritt auf dem Weg zu mehr Offenheit, Stress-Verminderung und Kreativität.

Geht das auch mit nur vier Pits?

Sie machen, wie Sie wollen. Zum Testen empfehle ich Ihnen vier Einfälle pro WOSE-Facette aus dem MOSEzieren zum Thema »Zähigkeit« (siehe Seite 20). Notiern Sie sie auf vier WOSE-Farben und ordnen Sie ihnen dann vier blaue Ober-Punkte zu.

Wer verlässlich aus dem Kreativ-Chaos im Rückschluss die verborgene geniale Struktur entdecken möchte, braucht das Waben-Facettieren und das WOSE-Rosettieren als handfeste Trainings-Methoden. Hier wurde aus 13 Einfällen eine Ordnung mit entsprechenden Oberpunkten gefolgert.

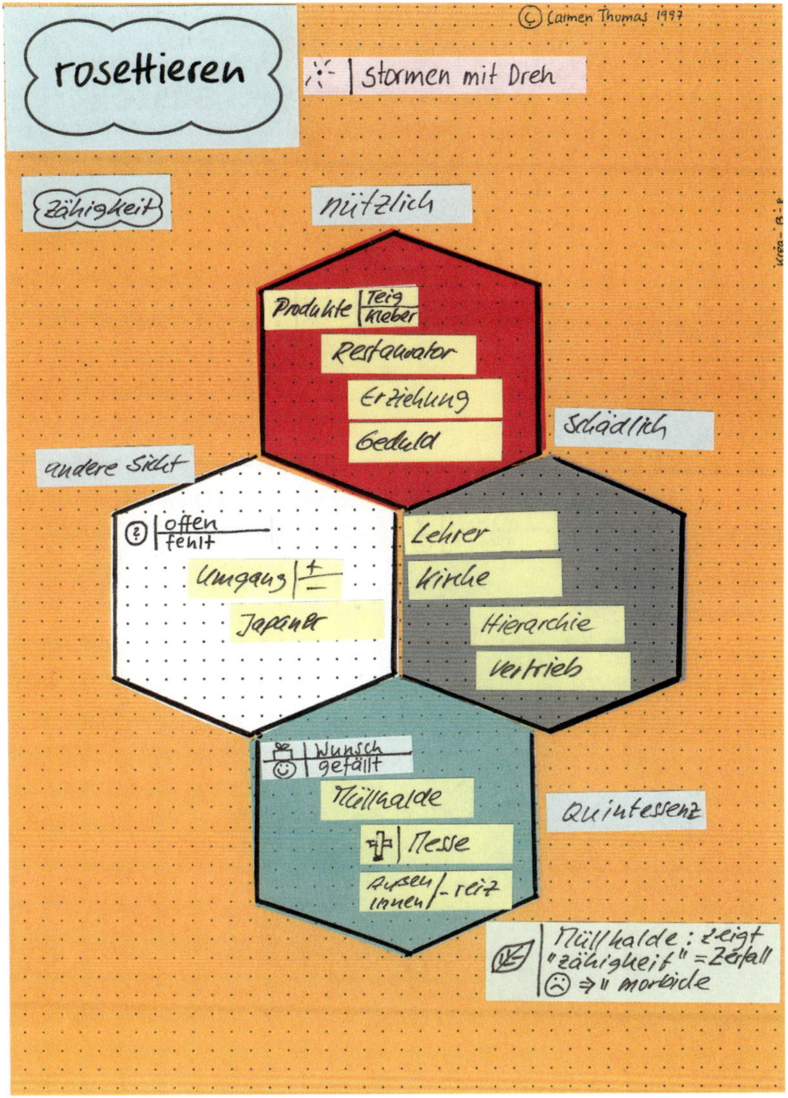

Verlässlich Wege finden – Kreativität durch Struktur

Die sichere Route – Geländern

Das »Geländern« entspricht »Einleitung, Hauptteil und Schluss«, wie Sie es in der Schule gelernt haben – nur dass Geländern Ihnen viel konkreter den Bedarf vor Augen führt. Auch hier ist die Idee, durch Denkvorgaben im Nu die Angst vor dem leeren Blatt zu verlieren, Einstiegs-Schwellen zu senken, Wegweiser durch Standard-Geländer zu besitzen und dabei offene und anregende Denk-Hilfe zu erhalten. Geländer schaffen professionelle Rituale für Sie selbst. Hier sind Beispiele für Basis-Geländer:

Durch den Halt, den Geländer bieten, können Sie die Kreativität systematisch steigern. Und: Wer sicher geht, wird kreativer.

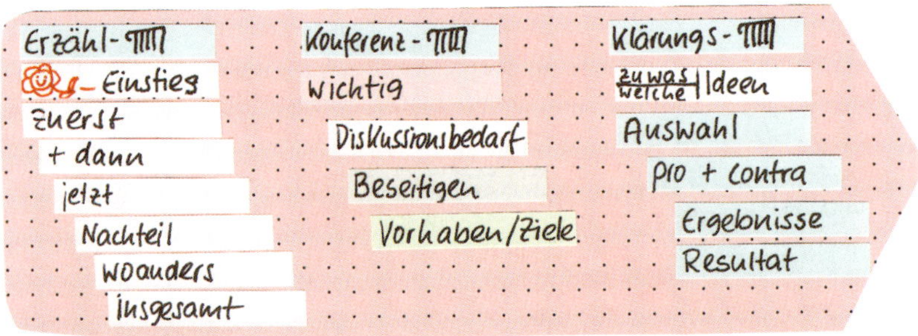

Ein Geländer ist kein Käfig

Manche glauben spontan, dass die Orientierung an einer vorher festgelegten Struktur oder das Entlanghangeln an einem roten Faden eine Einschränkung sei. Aber ein Geländer ist kein Käfig. Es ist eher wie im wahren Leben:

- Geländer zeigen, wo's langgeht,
- sie stützen beim Stolpern,
- man kann sie auch loslassen und frei herumlaufen,
- manche mögen es, daran herumzuturnen,
- und sogar darauf herunterzurutschen.

Der zunächst fremde Gedanke ist, dass die feste Struktur ein wunderbarer Kreativitäts-Helfer ist.
Wer Halt und Orientierung hat, verliert Angst und Stress und wird freier. Denn Angst macht dumm, und wer Stress hat, wird in seinem Denken und Handeln blockiert. Die »Geländer-Stäbe« funktionieren wie »Denk-Hohl-Formen«.

TEST

»Geländern«

Gut. Erzählen Sie bitte anhand von Basis-Geländer Nr. 1 (Erzähl-Geländer) in zwei Minuten, wie Sie die Wohnung, in der Sie jetzt wohnen, gefunden haben.

Zuerst habe ich mit meiner Frau in die Zeitung geschaut. **Und dann** haben wir 15 Wohnungen angeguckt. Die **jetzige** hat uns am besten gefallen, weil sie 95 qm groß ist, in einer stillen Straße liegt und einen Balkon zu einem grünen Hinterhof hat. Der **Nachteil** daran ist, dass meine Kinder dadurch ihre Freunde verloren haben. **Woanders?** Ach ja: Die Wohnung davor lag an einer zu lauten Straße und war außerdem noch um die Hälfte teurer. **Insgesamt** fühlen wir uns dort so wohl, dass wir noch kürzlich darüber gesprochen haben, den Rest unseres Lebens dort verbringen zu wollen.
Jawoll! Es funktioniert.

Ich bin sicher, genauso ginge es, wenn Sie Ihre Besprechungen nach einem »Konferenz-Geländer« sortierten.

Mithilfe eines Geländers wissen Sie immer, wo's langgeht.

Allmählich begreife ich, was Sie wollen. Ich gärtnere gerne. Deshalb stelle ich mir gerade Vasen vor, in die ich jede Art von Blumen stellen kann. Bei diesen – wie nannten Sie das? – Denk-Hohl-Formen ist Ihnen offenbar egal, was ich hinein tue.

Genau das ist der Sinn. Je nach Größe und Bauchigkeit der Vase hilft Ihnen die Form bei der Auswahl oder der Verteilung der Blumen. Schließlich können Sie keine Veilchen in eine Bodenvase stellen. Oder aber die Vasenform »zwingt« Sie, zu kreativeren Einfällen. Wie wäre es mit einem kleinen, spinnenden Storming zu: Veilchen und Bodenvase?

- Veilchen in Roggen dekoriert,
- Befeuchtungsschwamm als Vasendeckel nur aus Veilchen,
- Veilchen in Ballermann-Riesenstrohhalm gesteckt.

Stimmt. Dieses etwas unkonventionellere Denken macht richtig Spaß.

Das genau ist die Absicht. Wer Spaß hat, hat keine Angst mehr. Und wer keine Angst hat, ist besser und weniger aggressiv, schon weil er weniger gestresst ist.

Welches Geländer benutzen Sie denn selbst?

Markus Mai und ich haben tatsächlich mehrere Geländer im Einsatz – je nachdem wie viel Zeit aufgewendet werden kann, und wie die Aufgabe lautet. Am meisten nutze ich jedoch bei allem, was ich schriftlich zu erledigen habe, mein Lieblings-Geländer. Es bietet mir den größten Halt und die abgerundetste Dramaturgie. Es heißt: KESSER-BESSERn

Das Top-Rezept für alle Fälle – KESSER-BESSERn

Ein Denk-, Rede- und Schreib-Geländer, mit dem Sie jederzeit den Bogen raushaben.

KESSER-BESSERn ist eine Dauer-Struktur, die Sie sowohl als Brainstorming-Geländer einsetzen, als Klaster-Hilfe aus Libra oder als Rede- oder Frage-Geländer nutzen können. Es taugt für Gespräche, Diskussionen, Präsentationen, Reden, Interviews, Abläufe, Aufsätze, Artikel, Schriftsätze, Diplomarbeiten, Bücher, was immer Sie wollen. Sicher ahnen Sie schon, das KESSER-BESSERn etwas heißt? Es sind die Anfangsbuchstaben der Wörter, die hinter der Eselsbrücke – oder vornehm ausgedrückt dem Akronym – von KESSER und BESSER stecken.

Die Grundstruktur in Worten

Als Beispiel nehme ich mal das Thema »Brille«.
Hinter den Buchstaben verbirgt sich:
Die »**K**indheit« einer **Person.** Das ist nicht nur wörtlich gemeint, sondern es bedeutet auch, womit und wann das Thema, um das es geht, in der persönlichen Lebensgeschichte des Menschen begonnen hat. (Wann hat er die erste Brille gehabt oder bewusst bemerkt.)
Der »**B**eginn« gehört zu einem **Sachthema** unter dem Stichwort: »Zuerst«, weil viele Menschen verlässlich interessiert, wie etwas anfängt. (Befragte reden z. B. gerne darüber, was ihnen historisch zu Brillen einfällt, z. B. der Lesestein oder der Zwicker.)
Dann folgt die »**E**ntwicklung« unter dem Stichwort: »und dann«. Das sind die vergangenen Auf's und Ab's bei dem Sachthema oder der Person, um die es sich dreht (Person: wegen Brille in der Schule gehänselt worden, erste Liebe hatte eine Brille. Oder Thema: erst Draht, dann Horn, jetzt Tages-Kontaktlinsen).
Als nächstes geht es um die »**S**ache« selbst, die im Mittelpunkt steht, Stichwort: »und jetzt«. Das ist die Facette, nach der im normalen Journalismus meistens mit den fünf W-Fragen gefragt wird: Wer, wann, wo, wie, warum.
Danach erzeugt die Facette »**S**chelte« unter dem Stichwort: »negativ« oder »problematisch daran« auf jeden Fall Aufmerksamkeit und kann für eine reife, dialektische Sicht sorgen. Denn es existiert ja nichts, was nicht auch Nachteile hätte (Brille und Küssen, Brille ständig suchen, Brille mit Formaldehyd).
Mit der »**E**rweiterung« wird unter dem Stichwort: »woanders« oder »wann anders« der Blick über den Zaun geworfen: in die Historie, in die Zukunft, in andere Kulturen, in andere Branchen oder soziale Schichten etc. Also: wie war es mit der Brille in der Geschichte, wie wird es in der Zukunft damit sein, wie steht es mit der Brille bei Grafen oder bei Bettlern, bei Japaner-inne-n oder bei Eskimos?
Der letzte Bogen bezieht sich auf das »**R**esümee« unter dem Stichwort »abschließend vorausblickend«. Das ist eine wertende Zusammenfassung inklusive Ausblick und Vision (wie entwickelt sich die persönliche bzw. die gesamtgesellschaftliche Fehlsichtigkeit).

Diese Eselsbrücke lernen und Sie wissen immer wo´s langgeht.

Einfach mit Tempo 30 losspinnen.

»KESSER-BESSERn zum Thema: Pressetext über die Brille vorbereiten

1. 2-minütiges Brainstorming zu Brille

2. Die Verteilung in KESSER-BESSER mit ergänzenden Gedanken

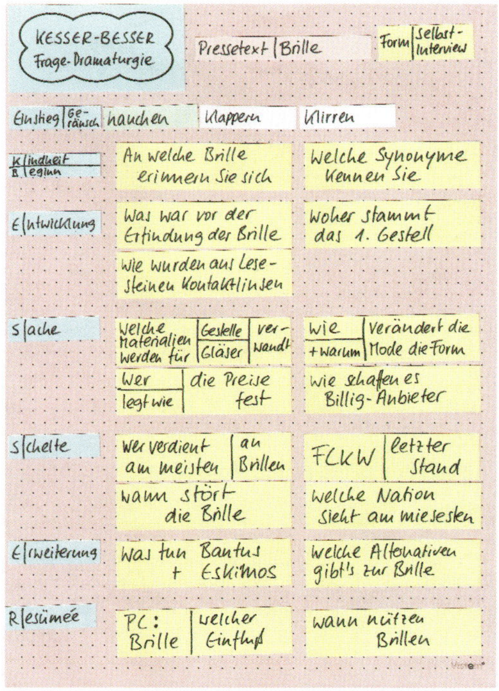

TIPP

Normalerweise nehmen sie die Storm-Pits auch für KESSER-BESSER. Zum besseren Verständnis, was mit den Stichwörtern gemeint ist, wurden sie hier zu Demonstrations-Zwecken ausformuliert. Noch interessanter ist der Weg, nur mit Stichwörtern zu arbeiten, diese zu klastern und in die KESSER-BESSER-Struktur einzufügen. Das geht mit Übung noch fixer und bringt Sie auf kreativere Einfälle.

3. Losschreiben. So sieht z. B. der Muster-Pressetext aus.

Wer zuerst auf Pits textet, hat danach im PC die handfeste, tiefen-genau durch-dachte Fassung zum Gestalten und Feinschleifen.

Mal gucken – Brillen
Hhhhhaaa machen Brillenträger-innen. Kreisende Bewegungen – und schon haben sie wieder den vollen Durchblick.
Welches Gestell ist Ihnen im Kopf geblieben? Was für Ausdrücke für Brille kennen Sie zusätzlich? Wer hat das erste Augenglas erfunden? Wie wurden aus Lesesteinen Kontaktlinsen? Aus welchen Materialien wurden und werden sie gemacht – die Rahmen und die Gläser? Wie verändert die Mode die Form? Welchen Einfluss hat die Dioptrin-Zahl auf den Schick? Wer legt wie die Preise fest? Und in welcher Beziehung stehen Hersteller, Optiker und Ärzte zu den Sehhilfen? Wie kommen Billig-Anbieter zurecht? Und warum kaufen so viele Kund-inn-en zu oft horrenden Preisen? Wann – außer beim Küssen – stört die Brille noch? Was ist dran an den FCKW-Beimischungen in den Bügeln und Padstegen und welche Probleme können damit verbunden sein? Welche Nation sieht am miesesten und wie helfen sich Bantus und Eskimos, wenn die Sehkraft schlechter wird? Wer leidet an ihr, und wer liebt seine Brille? Wann ist sie so nützlich, dass sie gar aus Fensterglas beschafft wird? Und wie sieht's in der Zukunft aus? Wie groß ist die Gefahr, dass die Computerisierung uns alle zu Brillenschlangen macht?

Ohne den Test mit der Wohnung hätte ich das alles nicht so leicht verstanden. Denn offenbar habe ich dabei ja bereits Ihr Lieblings-Geländer mit den Stichwörtern benutzt. Eine Frage habe ich noch: Haben Sie nie Angst, dass Sie die verborgene Ordnung erst gar nicht finden?

Doch, das sind typische Anfangsgefühle. Tatsächlich brauchen Sie ein bisschen Training und spielerische Lust. Durch die Pits können Sie die Ordnung jederzeit verändern. Nachher spüren Sie genau, was wohin passt, oder sogar gehört. Und wie gesagt: Nur durch das Mitmachen, Ausprobieren und Trainieren verstehen Sie die Methoden jedes Mal BESSER.

FAZIT

Jede Form von Kommunikation, Kreativität oder schriftlicher Arbeit können Sie auf diese Weise zunächst in der Vorbereitungsphase konzipieren und anschließend umsetzen. Der Geländer-Überblick garantiert, dass auch bei umfangreicheren Arbeiten die genaue Orientierung erhalten bleibt und beliebig ergänzt oder geändert werden kann. KESSER-BESSER macht Sie im Dauer-Gebrauch immer flotter und findiger.

Von der heimlichen Ordnung – Retrus-Vistemen

Mit dieser Methode können Sie die eigenständige Ordnung der Gedanken rückfolgern.

Retrus-Vistemen – noch so ein Kröten-Wort werden Sie jetzt sagen? Wie wäre es, wenn Sie das Wort im übertragenen Sinne als Weinmarke verstünden. Unter Weinliebhabern gilt es interessanterweise als schick, sich die kompliziertesten und unbekanntesten Bezeichnungen zu merken.
Da macht es Kennern Freude, vom 88er »Brunello di Montalcino« oder vom 92er »Baron de Pichon Longueville Comtesse de la Lande« zu erzählen.
So ein edler Tropfen in Sachen Süffigmachen von Gedanken ist die Kreativ-Methode »Retrus-Vistemen«.

Durch Rückschluss rote Fäden sichten

»Retrus« ist vom lateinischen »retro« (zurück) und »retrusus« (verborgen) abgeleitet. Es beschreibt den ersten Teil der Methode ziemlich genau: die verborgene Struktur im Chaos wird tiefengenau rückgefolgert. Und **Vistem** (siehe Seite 5), Sie erinnern sich, heißt **Vi**sualisieren mit Sy**stem**. Es ist ein Rezept oder ein Kniff, um Gedanken wie ein meisterliches Musikstück durchzukomponieren. Salopper gesprochen: Sie schaffen es, durch das Retrus-Vistemen die Gedanken eingängiger zu machen. In Erweiterung zum Klastern werden die Einfälle dabei tiefengenau geordnet. Das bedeutet: die Klaster werden einerseits **in sich** und andererseits **zueinander** äußerst penibel sortiert.

Erinnern Sie sich noch an das »Denk-Lust-Prinzip« (siehe Seite 26)? »Retrus-Vistemen« bedient sich des genialen »Kohärenz-Kicks«, also des Zusammenhang-Prinzips. Danach können Sie alles – auch das scheinbar Unverbundenste – in eine logische innere Ordnung bringen:

- entweder von groß nach klein,
- von weit zu nah,
- oder von früh zu spät etc.

Retrus-Vistemen hilft, diese heimliche innere Ordnung zu entdecken und die Pits gedanklich möglichst genau in ihrer eigenständig-vorhandenen Logik aufzubereiten. Und das verhilft zu einem Quantensprung im Denken.

TEST

»Retrus-Vistemen«

1. Bitte sagen Sie drei Einfälle zum Thema »Blume«.
Schön, Pflanze, Tulpe.

2. Fragen Sie sich, worauf bezieht sich »schön«?
Aussehen, Geschmack oder Ästhetik.

Und die »Pflanze«?
Das ist die Gattung.

Und die »Tulpe«?
Bezieht sich auf eine Art.

Durch Retrus-Vistem Zusammenhänge aufdecken.

Sie haben also »Aussehen«, »Gattung« und »Art« gesagt.

3. Ordnen Sie die Klaster in sich, indem Sie sich fragen: Wie gehört das hintereinander?
Tatsächlich! Es müsste in der Groß→Klein-Ordnung heißen: »Gattung«, »Art«, »Aussehen«, also »Pflanze«, »Tulpe«, »schön«. Toll! Und das geht immer?

Ja, und das ist das Geniale, was Sie durch das »Retrus-Vistemen« herausfinden können.
Und woher weiß ich, dass es tatsächlich die gewünschte Tiefenschärfe hat?

TIPP

Wenn Sie laut am Geländer entlang erzählen, fallen Ihnen Denk-Fehler meist sofort auf, weil Sie an den Stellen ins Stolpern geraten. Und unter dem Motto »Ah, statt oh ein Fehler« hilft Ihnen jeder Stolperer sofort beim Optimieren. Wenn Sie jeden Stolperstein zum Anlass nehmen, umzukleben oder zu ergänzen, ergibt sich daraus eine tiefengenaue, eingängige Komposition.

FAZIT

Beim Retrus-Vistemen kleben Sie alle gelben Pits im Klaster (siehe Seite 40) nach der inneren Ordnung um. Dann ordnen Sie die einzelnen Facetten (Einzel-Trauben, Einzel-Waben) in Ihrem Sinn einander zu.

Und der Unterschied zu KESSER-BESSERn?

KESSER-BESSERn ist sowohl Vorstufe als auch Erleichterung: Die »Geländer-Stäbe« liefern eine vorgegebene Dramaturgie, durch die Sie sofort einen Ablauf mit Spannungsbogen vorfinden. Deshalb geht es schneller. Im Gegensatz dazu erlaubt Ihnen das Retrus-Vistemen die eigenständige, innere Ordnung der Facetten, Waben oder Trauben zueinander im Rückschluss zu folgern und dadurch aufzudecken. Das Ergebnis ist häufig anders.

Lasst Farben sprechen – Vaisheshika-Ranking

Texte konzipieren, Sitzungen planen, Entscheidungen treffen mit dem Ideen-Trick durch Farb-Anordnung.

»Vaisheshika-Ranking« spricht sich mit zweimal »sch« und der Betonung auf »she« und Ranking mit »ä«. Das Rezept heißt: »Der Ideen-Trick durch Farb-Rangfolge« oder »die Lehre von der mathematischen Kreativität«. Dieser Methode liegt eine Idee aus der indischen vedischen Philosophie zu Grunde. »Vaisheshika« soll 6000 Jahre alt sein. Es beschreibt die »Logik der Spezifizierung«, also die Entdeckung der Gedanken-Systeme und -hierarchien im scheinbaren Chaos.

Im »Vaisheshika-Ranking« geht es wie beim »Retrus-Vistemen« darum, den im kreativen Chaos vorhandenen – zunächst nicht augenfälligen – inneren Ordnungs-Gedanken für das Gestalten oder Kommunizieren zugänglich zu machen. Um das sichtbar zu erleichtern, kommen die Farben der Pits in einer festen Rangfolge als Kreativitätshelfer hinzu (siehe Seite 9). »Ranking« ist englisch, heißt »Rangfolge« und hat in der englischen Form den Vorzug, gleich eine Handlungs-Anleitung zu bieten, die im Deutschen etwas umständlicher »in Rangfolge bringen« hieße.

So funktioniert's

Vaisheshika-Ranking eignet sich für Entwürfe und Planungen aller Art, für Konferenzen, Frage-Geländer, für's Exzerpieren und Auswerten, für Umzüge, Reisen, Lebensentscheidungen, für's Schreiben und Formulieren. Wer den Gedanken verstanden hat, besitzt damit ein genial einfaches Werkzeug für alle möglichen Situationen des Kreativierens, des Denkens, Redens, Gestaltens und Handelns.
Die Vorgehensweise ist denkbar einfach: Sie kleben dazu die vier Grund-Farben – rot, blau, grün und gelb – mathematisch fest in der folgenden Rangfolge auf:

Nur eines ist schwere Denk-Arbeit: die Zuordnung der ersten Zeile ist komplizierter. Hier gilt es, zu entdecken und festzulegen:

- was ist die Sache = blaue Pits → Ober-Punkte
- Dann 1. zuvorderst, also übergeordnet (links davor):
  was ist der dazugehörige Bereich = rote Pits → Über-Ober-Punkt.
- Dann untergeordnet (also rechts von blau):
  was ist die Mache = grüne Pits → Unter-Ober-Punkt = 3. Spalte
- welches sind die Info-Details = gelbe Pits → Unter-Punkt = 4. Spalte

Gedanklich geht es um das Prinzip:
Wald → Baum → Ast → Blatt. Oder:
Erde → Kontinent → Europa → Deutschland.

Der Profi-Kniff ist, dass der mathematische »Zwang«, die Farben zu füllen, zu neuen Ideen und zu schärferem Denken verführt. Ergebnisse werden dadurch vollständiger und runder. Wenn das »Vaisheshika-Ranking« gut gemacht ist, landen die Gedanken beim Gegenüber wie von selbst.

Im Unterschied zum Retrus-Vistemen offenbart Ihnen dieser Farben-Trick die Denk-Lücken und verführt zu neuen präzisierenden und abrundenden Ideen.

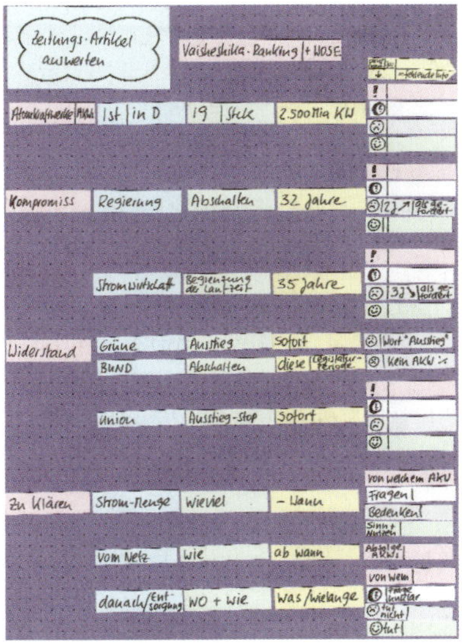

Nehmen Sie einen Zeitungsartikel (z. B. mit einem Konfliktstoff) und vistemen Sie mit Vaisheshika-Ranking den Inhalt und die Positionen.
Das Beispiel zeigt, wo Informationen im Artikel ausgelassen wurden und wo die Darstellung Lücken aufweist.

TIPP

Wenn Sie Fließtexte so zusammenfassen, sehen Sie rasch den Gewinn. Sie trainieren auf einen Streich: fasse dich kurz, finde Unscharfes und Fehlendes, konserviere den Input in einer derart leichter memorierbaren Form, lerne aus den Mängeln.
Mitvistemen in Vaisheshika-Ranking ist beim Zuhören eine echte Herausforderung: Hören, prägnant formulieren und gut lesbar mitvistemen kann einfach vor dem TV geübt werden. Es lohnt, weil es fix geht und bei vielen Anlässen nützlich ist (z. B. Sitzungs-, Veranstaltungsergebnisse).

Ist das nicht kompliziert zu lernen?

Bitte nehmen Sie sich zunächst 30 Sekunden Zeit, um die Rangfolge der Farben zu lernen. Also: »rot, blau, grün, gelb« zehnmal vor sich hin murmeln. Dann vielleicht an ein Beispiel denken, also: rot = Kleidung, blau = Pullover, grün = Schnitt, gelb = Farbe des Pullovers. (Vielleicht hilft Ihnen eine »befruchtende« Eselsbrücke. Sie heißt von rot nach gelb, also von groß nach klein: BeSaMD. Be für ***Be****reich, Sa für* ***Sa****che, M für* ***M****ache und D für* ***D****etail.)*

Wie im echten Leben: Das Rezept klingt kompliziert in der Beschreibung, funktioniert aber – mit etwas Übung – ganz einfach.

O.K. – ich kann die Farbordnung. Und jetzt?
Jetzt kommt das Trainingsbedürftige: Das knappe, knackige auf-den-Punkt-Formulieren können pro Pit (einige Pit-Formate sind ja extra zum Denk-Schärfen so klein). Das dauert – je nach Menschentyp und Übung – unterschiedlich lang.

Ja, und wo ist nun der WOSE-Gefühls-Dreh geblieben? Habe ich Sie nicht so verstanden, dass das die Würze sei?
Stimmt. Bei Bedarf wird das »Denkrose-Gewichtungs-WOSE« noch hintenan gefächert. Also um beim gelben Pullover-Beispiel zu bleiben:

! *rot*	*= wichtig*	→ *Anlass bedenken*
? *weiß*	*= offen*	→ *welcher Gelbton*
☹ *grau*	*= störend*	→ *schmutzanfällig*
☺ *grün*	*= erfreulich*	→ *sonniger Effekt*

Das bedeutet ja wohl, dass rot und grün eine Doppelbedeutung haben können: mal in der Ordnung und mal in der Gewichtung. Obwohl – mir fällt gerade auf, dass die Mache ja auch ein Wunsch ist, wie etwas geschehen soll, und der Bereich, also das größte Umfassendste ja auch besonders wichtig ist. Dann stimmt die Farbbedeutung ja weiter.
Genau! Sie werden feststellen: Sobald Sie es ausprobiert haben, und die erste Zeile steht, klappt das Denken viel fixer und leichter. Sie kleben nur noch die Farben hin und füllen das Muster. Wie wäre es mit einem Beispiel aus Ihrem Alltag.

Moment noch. Warum genau schwärmen Sie bloß so von diesem Vaisheshika-Ranking?
Der Grund für meine Begeisterung ist, dass diese Methode das Denken derart bereichert und so viel lustvoller, tiefer und eingängiger macht. Es ist eine typische Hirn-, Herz- und Hand-Methode, die Sie nur erfahren können, wenn Sie sie praktisch umsetzen. Probieren Sie's:
Welche Vorgänge in Ihrem beruflichen Alltag wiederholen sich häufiger?

Ja, beispielsweise gehört es zu meinen Aufgaben, den Finanzrahmen mit unserer Kundschaft zu besprechen.
Prima. Da Sie jedes Beispiel nehmen können, taugt auch dieses:

TEST

»Vaisheshika-Ranking«
Zum Vorgehen:
1. entweder Einfälle zum Thema mit Tempo 30 sammeln oder eine Storm-Seite mit gelben Ideen-Pits bekleben.
2. Dann das Pit-Muster mit den entsprechenden Farben hinkleben und die erste Zeile sinnhaft aus dem Brainstorming einfüllen oder auf die richtige Farbe umschreiben.
3. Dann leere Pits im Muster vorkleben.
4. Jetzt die Ideen-Pits von der Storm-Seite zuordnen und sinnhaft auf die Farben umschreiben.

Das klingt aber umständlich – erst alles auf gelbe statt gleich auf die Sinn-Farb-Pits zu schreiben?

Das gilt nur anfangs. Wenn Sie gelernt haben, in einer Minute 20 Einfälle auf Pits zu schreiben, geht es trotz neu Schreibens auf andere Farben meist fixer, weil Sie sich so zunächst nur aufs Assoziieren konzentrieren können. Farben-Zuordnen ist dagegen echte, manchmal schwere Denkarbeit. Wer später »Vaisheshika-Ranking« wie Rennen-Fahren beherrscht und nur noch auf die Straße achten muss, wird sofort in Farben fixieren.

TIPP

Auch beim Zuhören, wenn Sie – in einem Gespräch, einer Konferenz oder Veranstaltung – mitpitten lernen, wird Ihnen Vaisheshika-Ranking eine vereinfachende Hilfestellung bieten, Gesagtes, zu Tuendes oder Festhaltenswertes blitzschnell zu fixieren, zu strukturieren, und dadurch übersichtlich, flexibel und denkgenau handhabbar für weiteres Vorgehen zu machen.

Anton Auster legt mit gelben Pits los. Nach zehn Minuten stellt er sein Ergebnis vor.

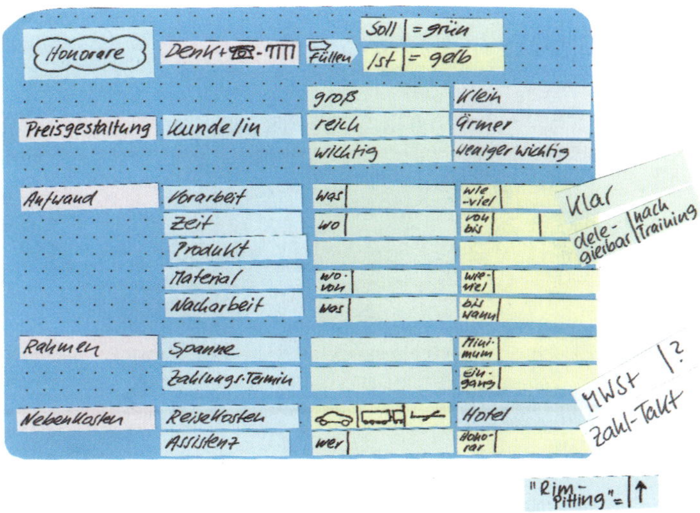

Wunderbar: Die Farb-Sprache von Vaisheshika ist korrekt eingesetzt. Der Aufbau hat eine Dramaturgie. Das Geländer wirkt rund und vollständig.

Gibt es denn gar keine Verbesserungsvorschläge von Ihnen als Profi dazu? Es ist doch alles WOSE, haben Sie gesagt.

Anregungen auf Weiß kleben, statt meckern.

Schön. Dann klebe ich Ihnen noch kurz ein »Rim-Pitting«, d. h. Feedback per Rand-Pits zum freiwilligen Einsortieren oder Wegwerfen. Zwei grüne für das, was mir besonders gefallen hat und zwei weiße für das, was mir noch zusätzlich einfällt – sozusagen als geistiges Angebot.

Verstehe: Da Sie mir nicht in meine Ideen reinmalen, kann ich in Ruhe über Ihre Anregung nachdenken. Vermutlich ist diese Art des Korrigierens leichter anzunehmen. Das könnte ich mir sogar für die Zukunft merken.

FAZIT

Noch eine wichtige Spielregel gehört zum Feedback: Gepittetes oder Gesagtes von anderen immer erst mal nur stehen lassen; weder recht geben noch zerreden. Nur ein Dankeschön. Das schafft Raum und die Freiheit, ernsthaft nachzudenken und macht die anderen auf Dauer offener im Ideenspendieren. Das ist zwar zunächst gewöhnungsbedürftig, doch mit etwas Training wirkt es äußerst befreiend für alle Beteiligten. (Details dazu im Band »Erfolgreich mit Kritik umgehen mit Vistem«)

Herr Auster, wie steht es jetzt um Ihre Zweifel, wie viel Sie und andere mit Kreativität zu tun haben?

Meine Zweifel sind nicht nur geschmolzen, ich gehe noch weiter: mir fällt jetzt sogar auf, wie unkreativ und wie wenig professionell ich bei vielem bisher vorgegangen bin. Selbstverständlich nicht bei allem. Aber jetzt wundert mich weniger, warum ich mich bei manchen Dingen bisher so viel schwerer tue. Mich ärgert sogar nachträglich, dass ich von »Umnutzen« bis »Vaisheshika-Ranking« nicht schon in der Schule gehört habe. Dann würden mir solche anderen Herangehensweisen heute viel leichter fallen. Mir leuchtet auch ein, wie viel Häme mir und anderen erspart geblieben wäre, und dass die Ergebnisse insgesamt wahrscheinlich fröhlicher, kreativer und vor allem besser geworden wären.
Bei Vaisheshika-Ranking habe ich gemerkt, dass Denkarbeit genauso anstrengend wie Bodybuilding sein kann, im Ergebnis dafür aber umso mehr Spaß macht. Es erscheint mir wie eine Art Kreuzworträtsel für Gedanken. Das werde ich zu Hause sicher weiter testen.
Also insgesamt: Ihnen beiden vielen Dank für die anregende Einführung.

Zum Nachtisch

Probieren geht über studieren.

Gern geschehen! Mit Vaisheshika-Ranking ist das Menü zur Einführung in die System-Kreativitäts-Trainings tatsächlich beendet. Es war ein Vergnügen, mit Ihnen, Herr Auster und mit Ihnen, liebe Leserinnen und Leser, zusammenzuarbeiten. Ihr Nachfassen, Ihr behutsames und wachsendes Interesse, Ihre Bereitschaft zum Mitmachen waren eine Herausforderung. Es wäre schön, wieder von Ihnen zu hören: ob die Saat aufgegangen ist, was Sie in welcher Reihenfolge probiert haben, ob Sie weitergegangen sind, welche Kopfrezepte Sie verschmäht haben und welche neuen Techniken Sie, die Sie auf den Geschmack gekommen sind, auf Dauer hinzufügen werden. Denn Sinn dieser Einladung ist, Ihnen profi-erprobte Kopfrezepte zu zeigen, die Sie einerseits in Ihrem Alltag unterstützen sollen, die Sie andererseits jedoch auch auf Ideen für eigene Wege und Erfindungen bringen möchten.

TIPP

Ein letzter Tipp: Wenn Sie sich noch nicht im Klaren darüber sind, wo Sie beim Training anfangen sollen, dann hilft Ihnen vielleicht eine indische Weisheit:
»Wie isst man einen Elefanten? Bissen für Bissen«.
An welcher Stelle Sie mit dem Hineinbeißen beginnen, ist Ihrem Geschmack überlassen. Anregungen finden Sie auf den folgenden drei Trainings-Karten. Viel Spaß dabei.

Übrigens:
Es wäre ein Vergnügen, wenn Sie uns über Ihre Erfahrungen, Ihre Stolpersteine, Ihre Anregungen und eigenen Rezepte, die Sie auskochen, schreiben.
An:
Kopfrezepte, Stichwort »System-Kreativität«
Midena-Verlag
Hilblestraße 54
80636 München.

Assoziieren Sie anfangs mit Zeitdruck. Versuchen Sie als Ziel, 30 Einfälle pro Minute zu Stande zu bringen.

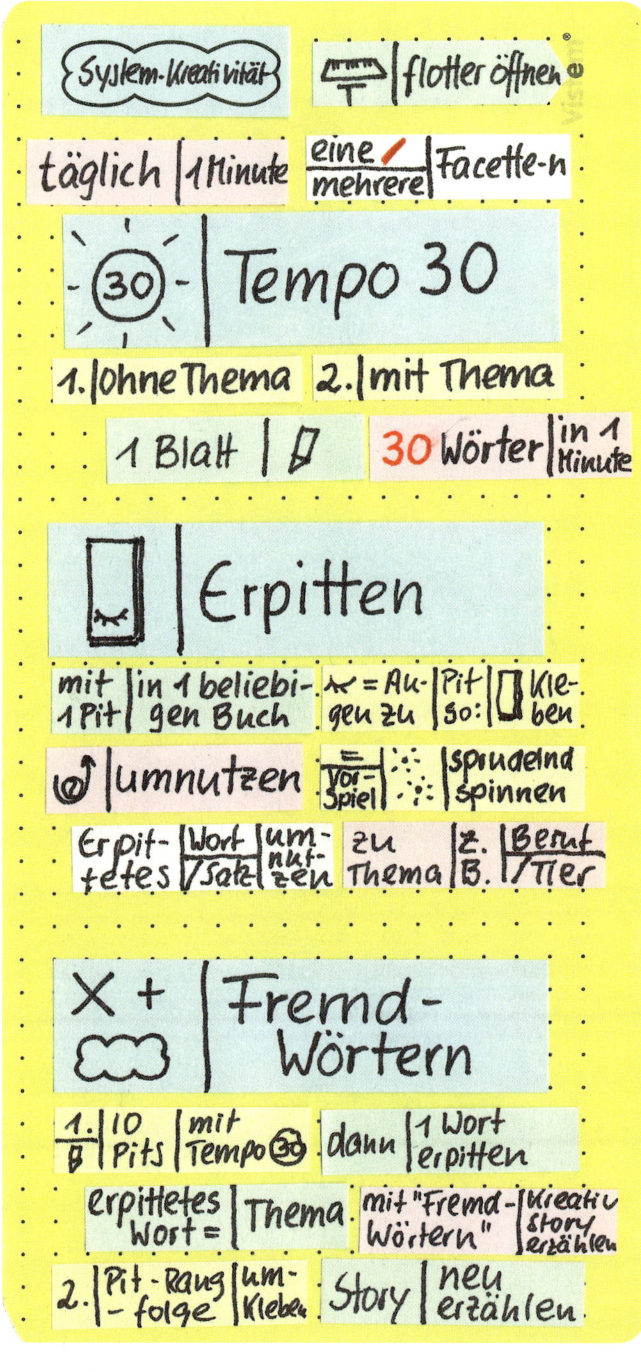

Farben können beim Assoziieren und Denken helfen.

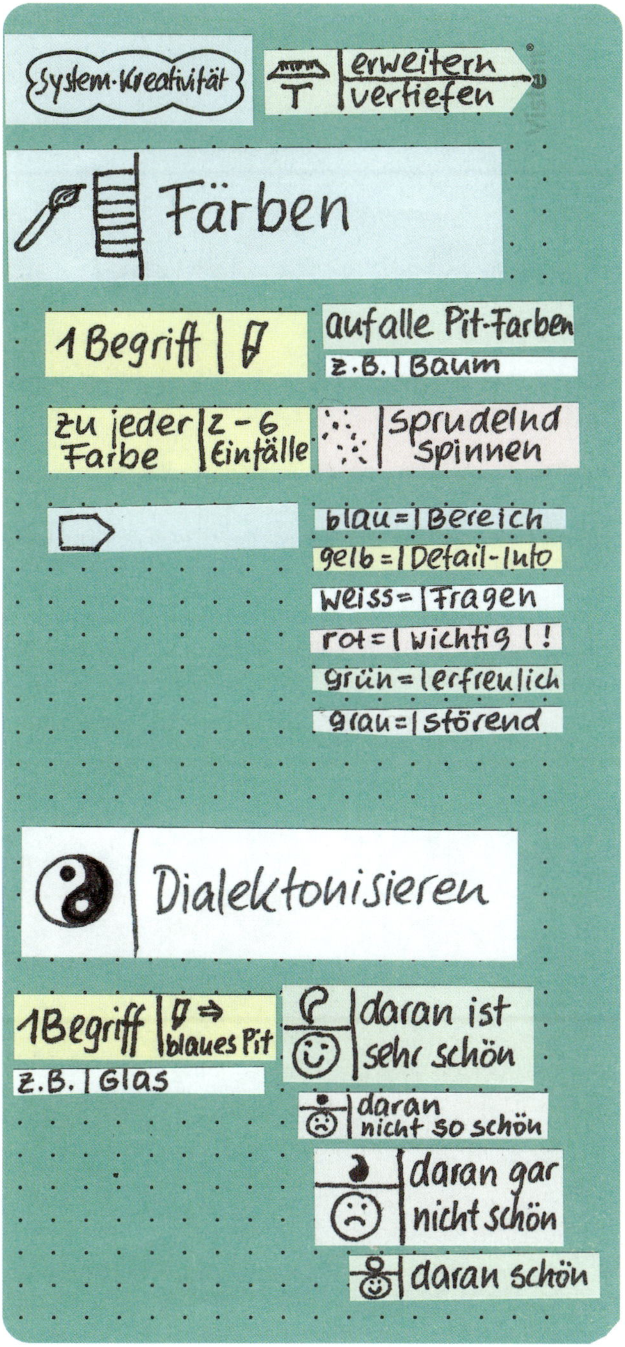

Stich-Wörtern für den schnellen Durch- und Überblick.

Praktische Werkzeuge für eine veränderte professionelle Kommunikation mit sich selbst und mit anderen, die mit genial einfachen Hilfsmitteln und Methoden die Umgangs-Kultur in der Tiefe optimiert.

(Noch ein Tipp für Ihr Pit-Kit, das dem Buch beiliegt: Wer eine 0,4-Pilot-Stift-Mine kauft und hinten mit der Schere kürzt, hat ein Top-Schreib-Gerät für die Stift-Mulde.)

1 = Kit
1a = Text-Klick, 1b = Team-Klick, 1c = Plan-Klick, 1d = Mini-Klick
2 = Vistem-Elefant mit ausklappbarem »Pit-Ohr«
3 = Vistem-Klemm-Bord mit versenkbarem Magno-Schub
4 = Posto: Transparent-Ständer A4 mit Zauber-Band zum Hin- und Wegkleben von Einzelblättern
4a = Posti: der kleine Ständer für Karten (TAG-, WEG-, Frage-Karten etc.)
5 = Präsenter: als Archiv, zum Transport und zum Präsentieren überall
6 = Vistem-Karten mit Pünktchen-Rasterung zum Gerade-Kleben (denn schief = Info)

Post-it®
Milleniumspender
Modernes Design
mit Acryl-Rahmen
für Post-it® Haftnotizen
www.3M.com
3M Innovation

Projektleitung: Redaktionsbüro
Maryna Zimdars, München
Herstellung: BuchHaus Robert
Gigler GmbH, München, London
Umschlagentwurf und Innenlayout:
Kraxenberger, München
Satz: BuchHaus Robert Gigler GmbH
Reproduktion:
Repro GmbH, Landshut

ISBN 3-310-00660-3

Über die Autorin

Carmen Thomas, geboren 1946, startete nach ihrem Studium der Germanistik, Anglistik und Pädagogik als Moderatorin beim Westdeutschen Rundfunk in Köln. Seit 1990 ist sie dort Abteilungsleiterin. Bis 1994 war sie 20 Jahre lang wöchentlich drei Stunden mit der ersten systematischen Mitmach-Sendung »Hallo Ü-Wagen« in Nordrhein-Westfalen unterwegs. Aus dieser Arbeit entstanden ihre Bücher: »Hallo Ü-Wagen, Rundfunk zum Mitmachen, Erlebnisse und Erfahrungen« und »Willi, kannze mich hören«. Bestseller wurden »Ein ganz besonderer Saft - Urin« und »Berührungsängste - vom Umgang mit der Leiche«. Ihr Buch über die internationale Anwendung von Urin, »Blick über den Zaun – Erfolge mit Urin weltweit«, erschien 1995. Der Band »Erfahrungen mit Urin« erschien 1996. Dieser Bereich ist jedoch nicht ihr Hauptthema. Der Schwerpunkt ihrer Arbeit stammt aus ihrem Umgang mit dem Publikum beim WDR, bei zahlreichen Veranstaltungen, bei Beratungen, bei Coachings und halbjährigen Seminaren. Dort sammelte Carmen Thomas seit 1968 wichtige Erkenntnisse darüber, wie Kommunikation besser funktioniert. In allen Publikationen zu diesem Thema fasst die Autorin praktische Erfahrungen und handfestes Wissen in Bezug auf die Bedürfnisse und Gesetzmäßigkeiten von Klein- und Großgruppen zusammen. Die Spezialität der Kommunikations-Expertin sind interaktive Gruppen- und Veranstaltungs-Methoden. Aus dieser Arbeit wurde die neuartige Denk-, Kommunikations- und Handlungs-Methodik Vistem - **Vis**ualisieren mit Sys**tem** - in der Praxis entwickelt (Vistem®, Patent-Anmeldenummer PCT/DE94/00149).

Bücher zum Thema Kommunikation

- Vistem – der klare, schnelle Weg zur Sache, 1996, Versand: ETM GmbH
- Vom Zauber des Zufalls, Köln 1998
- Das Anagramm-Geheimnis - vom Sinn und Hintersinn im Namen, München 2000
- Erfogreich mit Kritik umgehen mit Vistem, München 2000
- Erfolgreich Ideen finden mit Vistem, München 2000

Bezugsquelle für Pit-Nachschub und weitere Vistem-Materialien ist der Versand:
ETM GmbH
Postfach 450368
D-50878 Köln
Tel. und Fax: 0221-4973843
(Bitte der Firma: Alle Anfragen und Bestellungen schriftlich, um Missverständnisse zu reduzieren)